ADORABLE COLORING BOOK

This Book Belongs To:

NUMBERS
1
2
3
4
5
6
7
8
9
10
11 12 1
10 2
9 3
8 4
7 6 5

ZERO

ONE

2
TWO

THREE

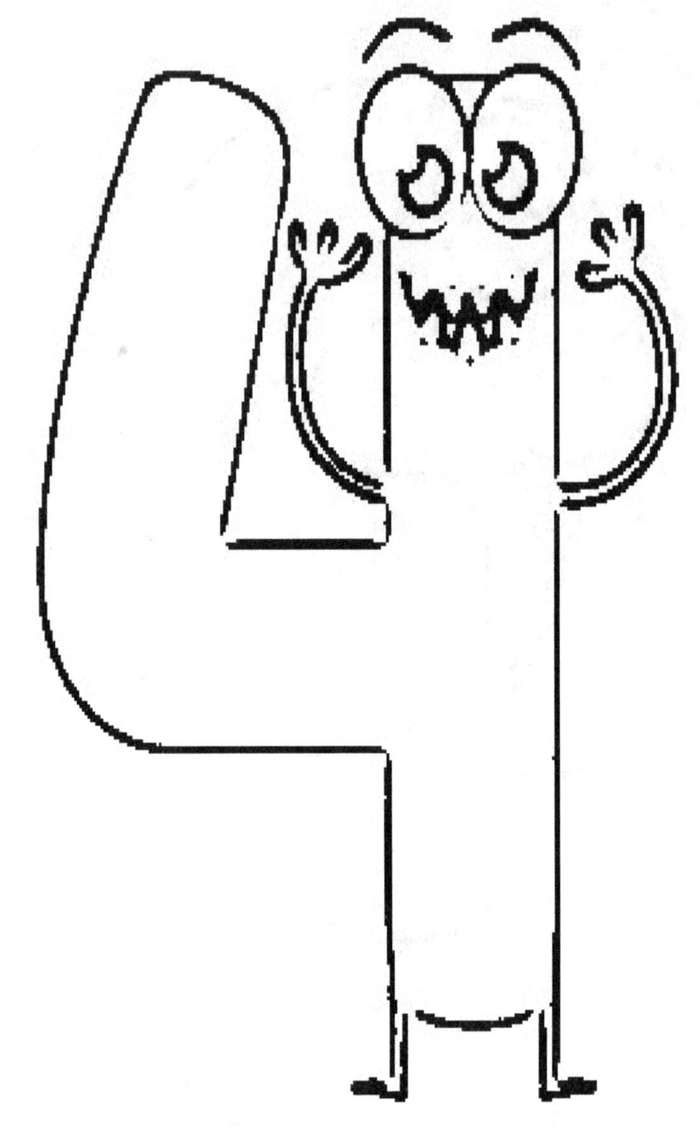

FOUR

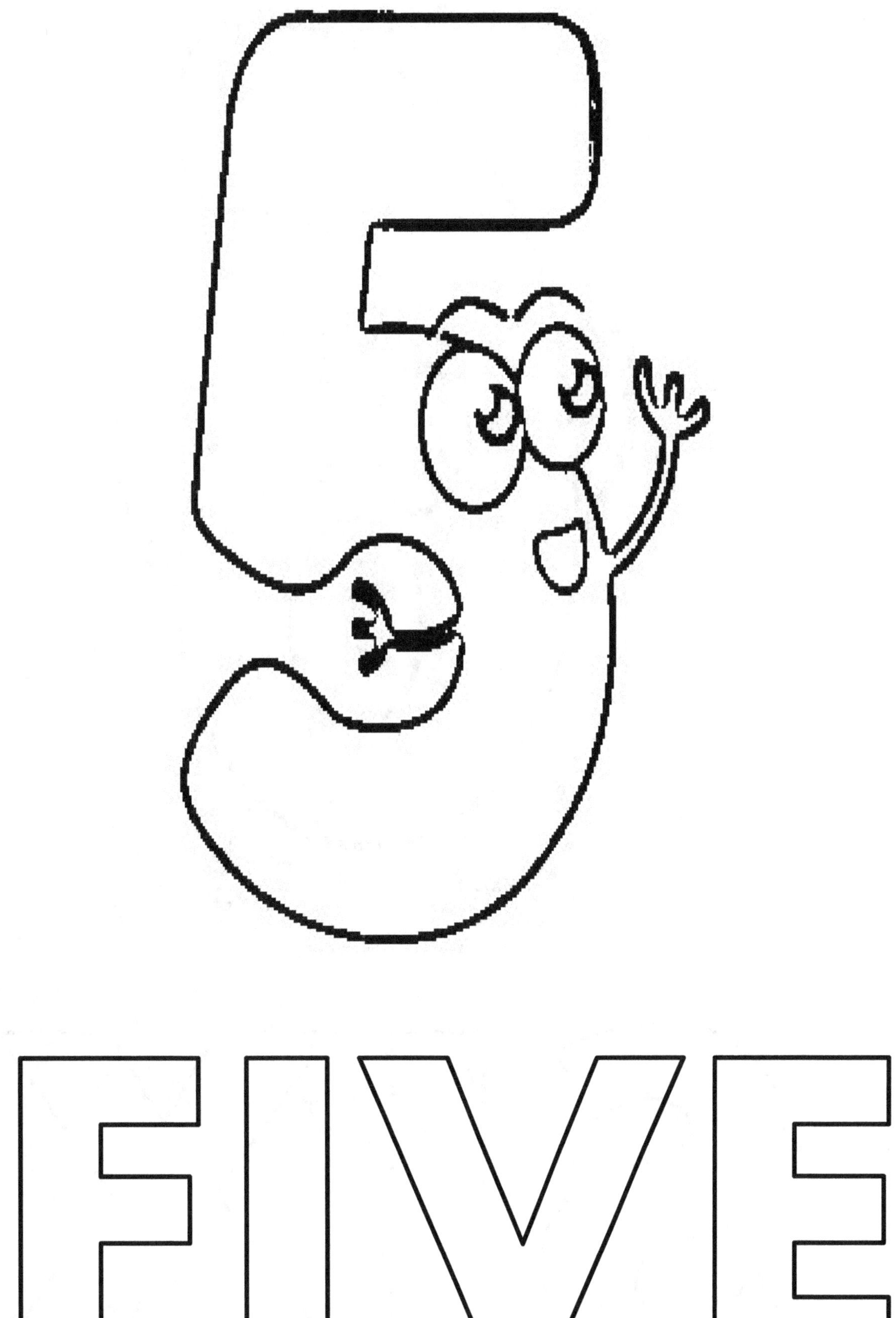

FIVE

SIX

seven

EIGHT

NINE

TEN

WRITING NUMBERS

MiLK
7

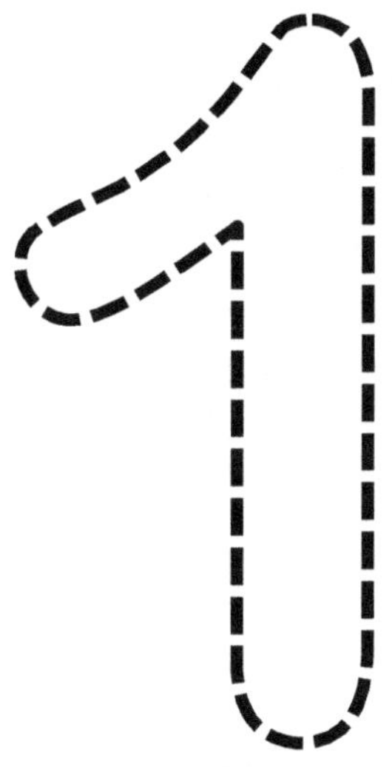

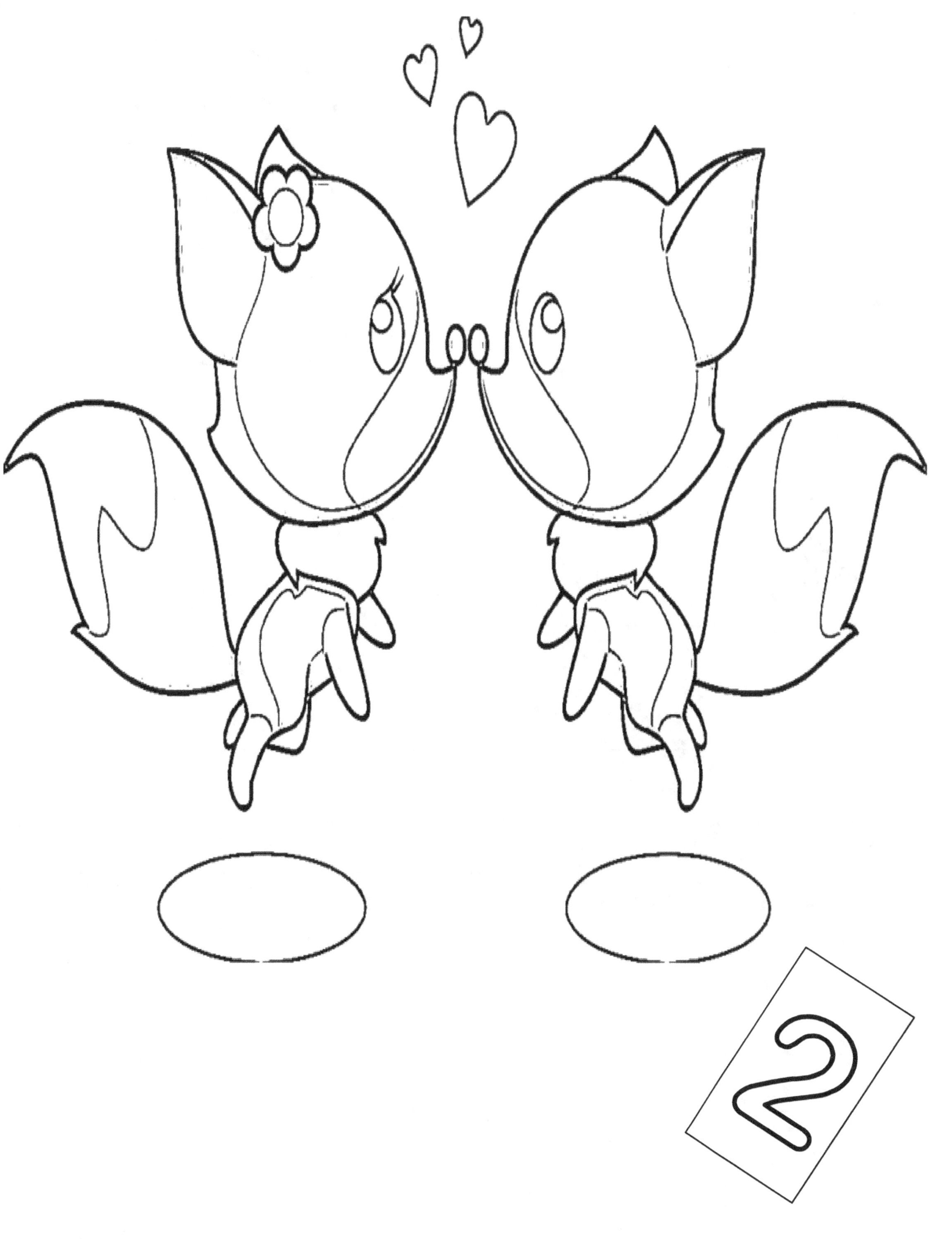
2

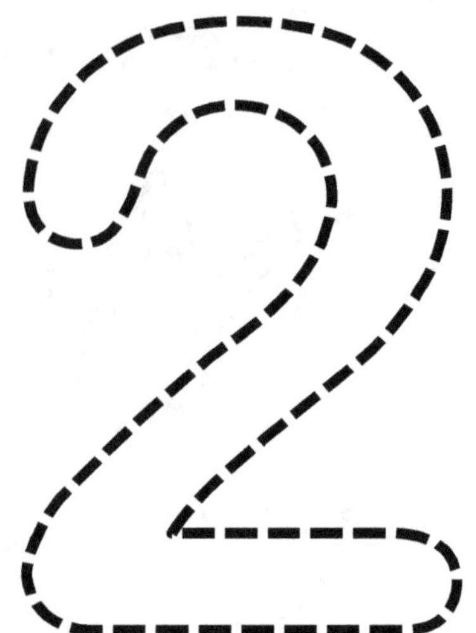

3

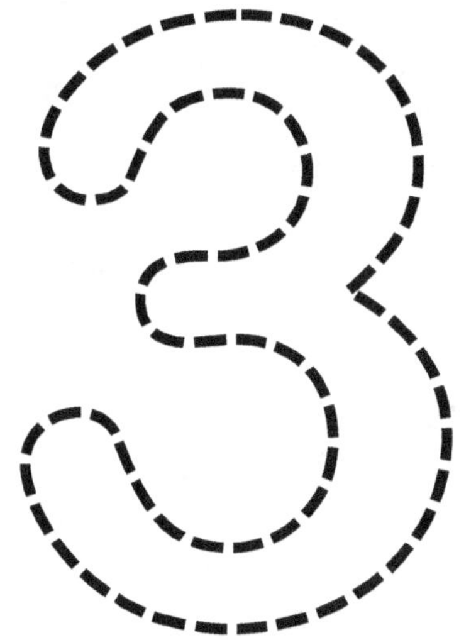

4

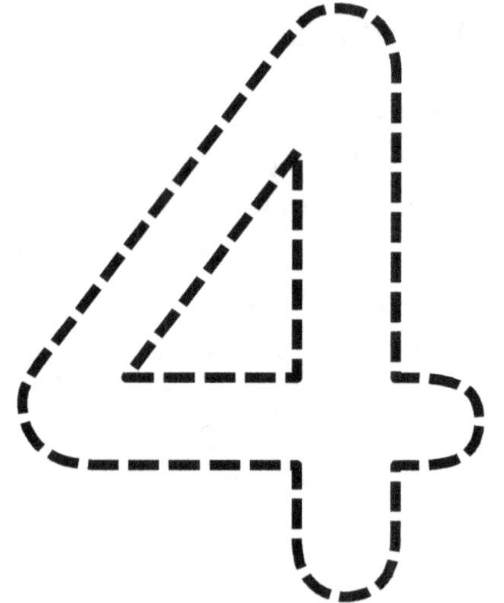

5

5

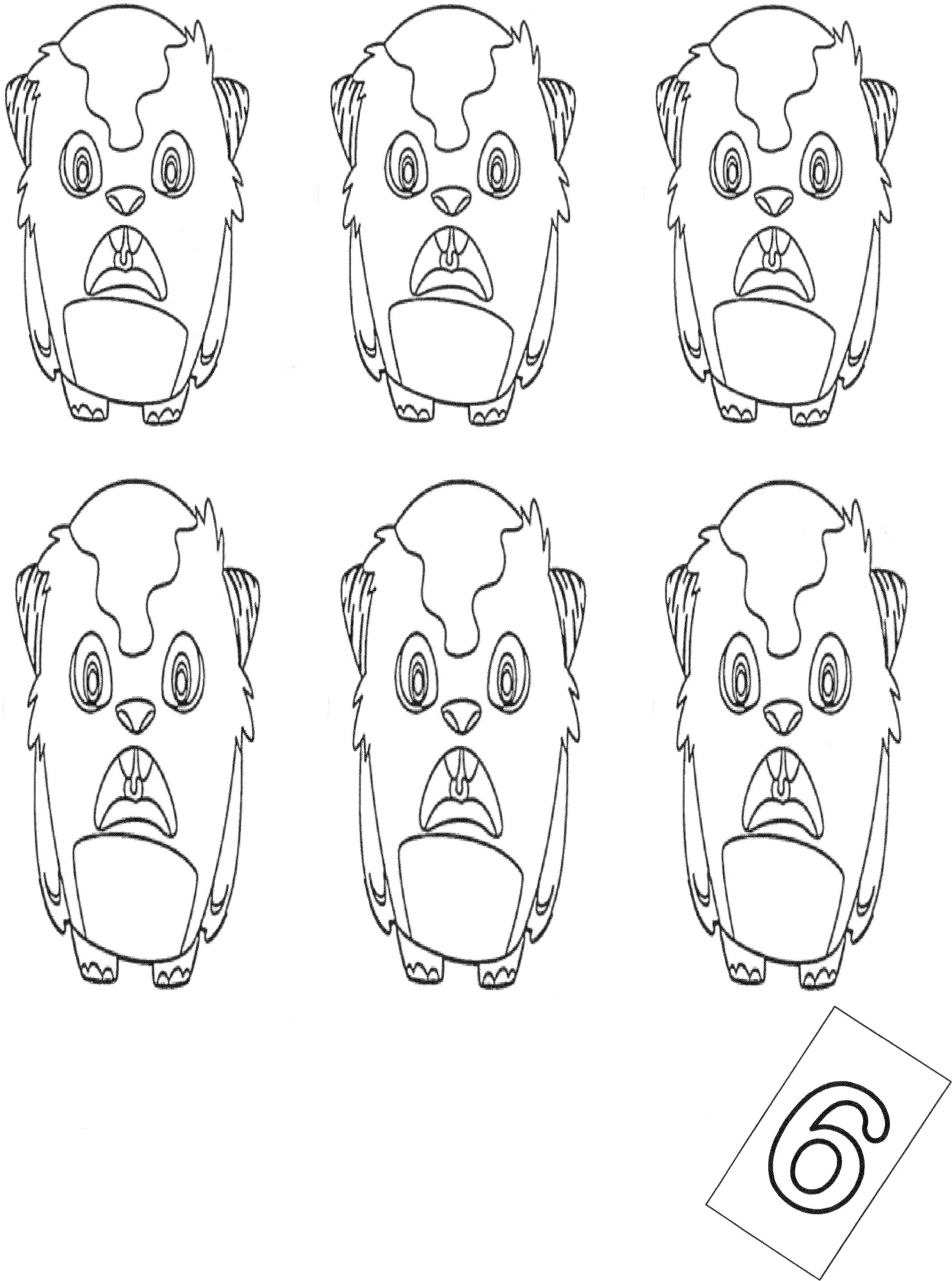

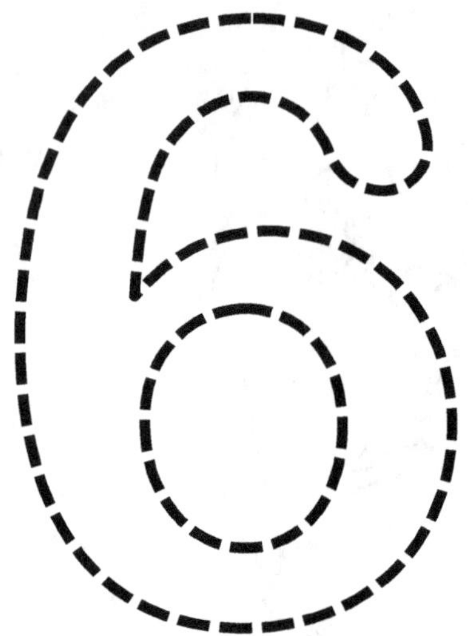

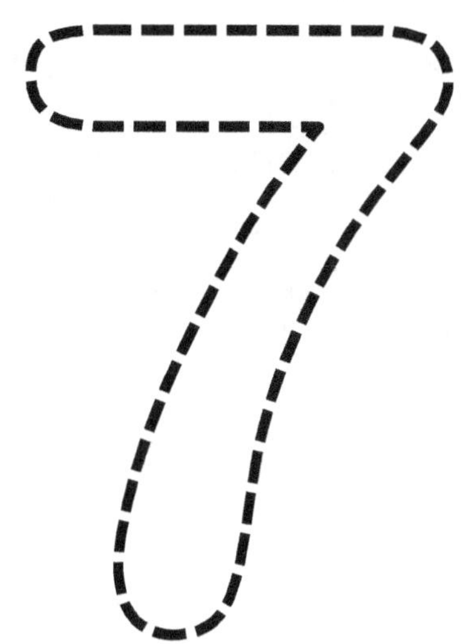

8

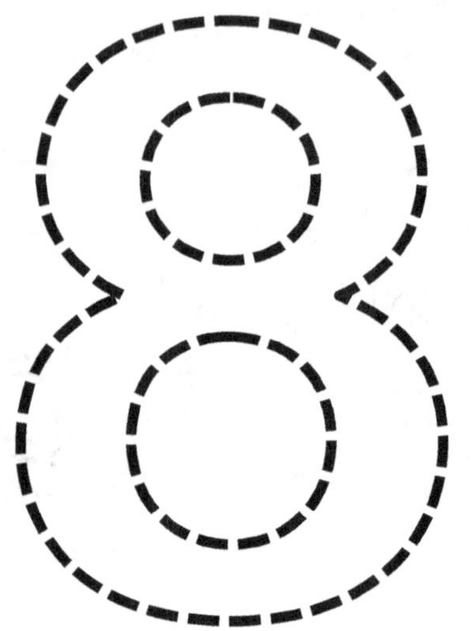

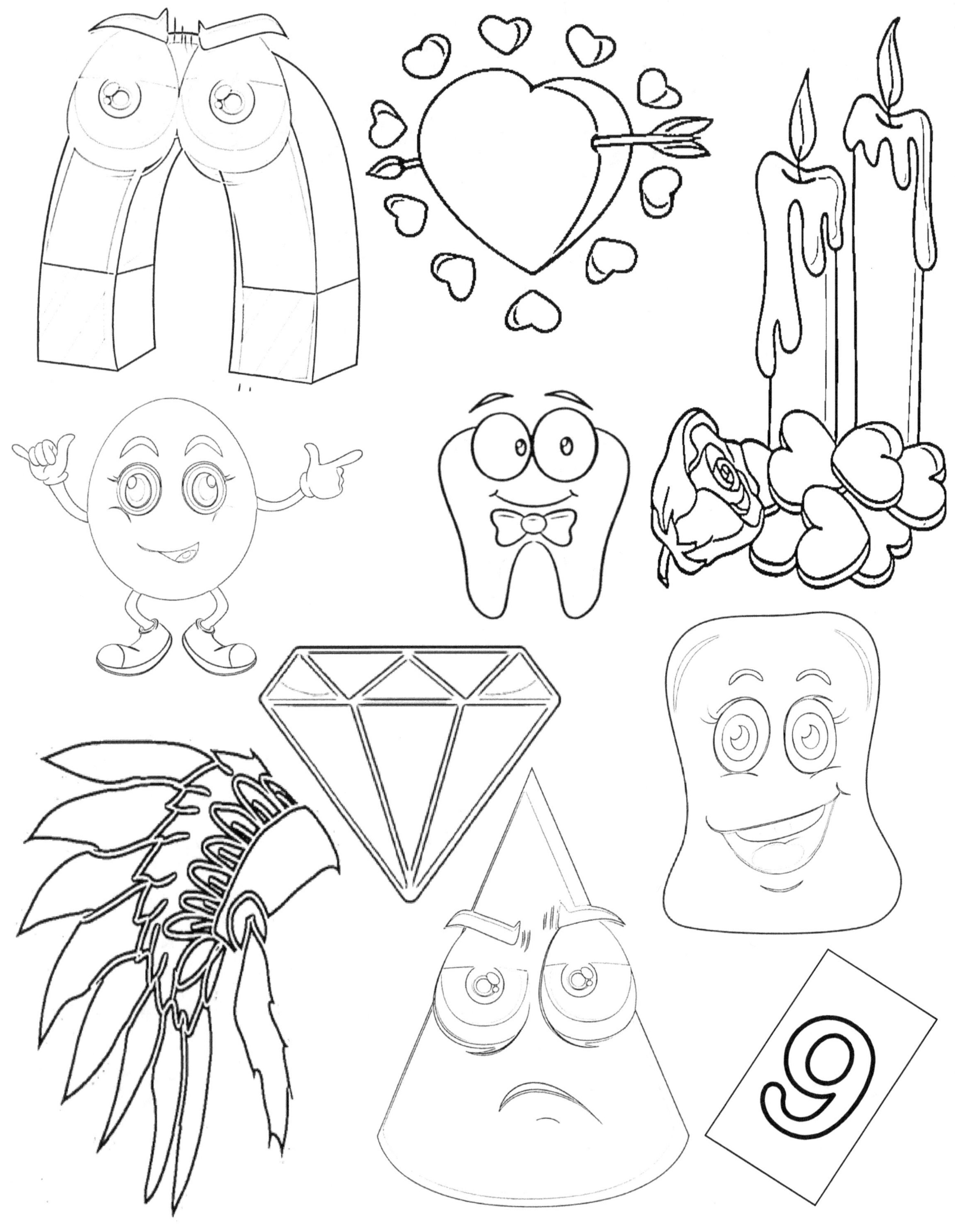

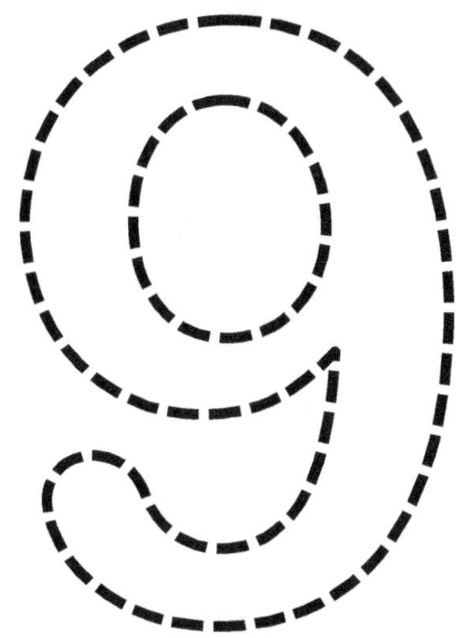

10

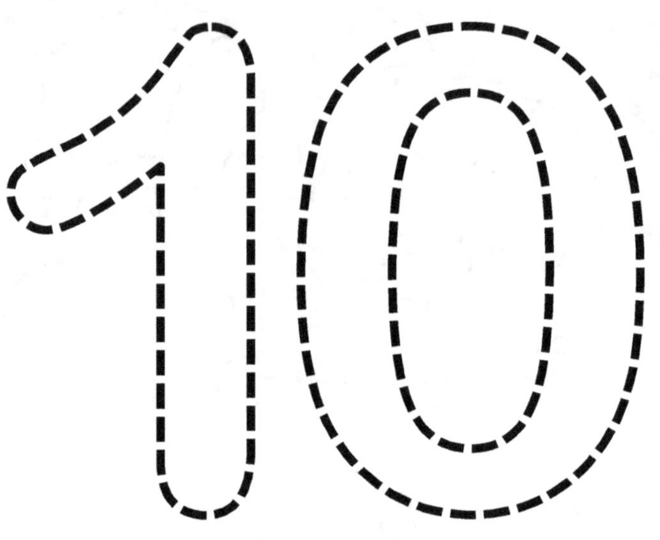

WRITE LETTERS

A

Apple

B

Bee

C
Cat

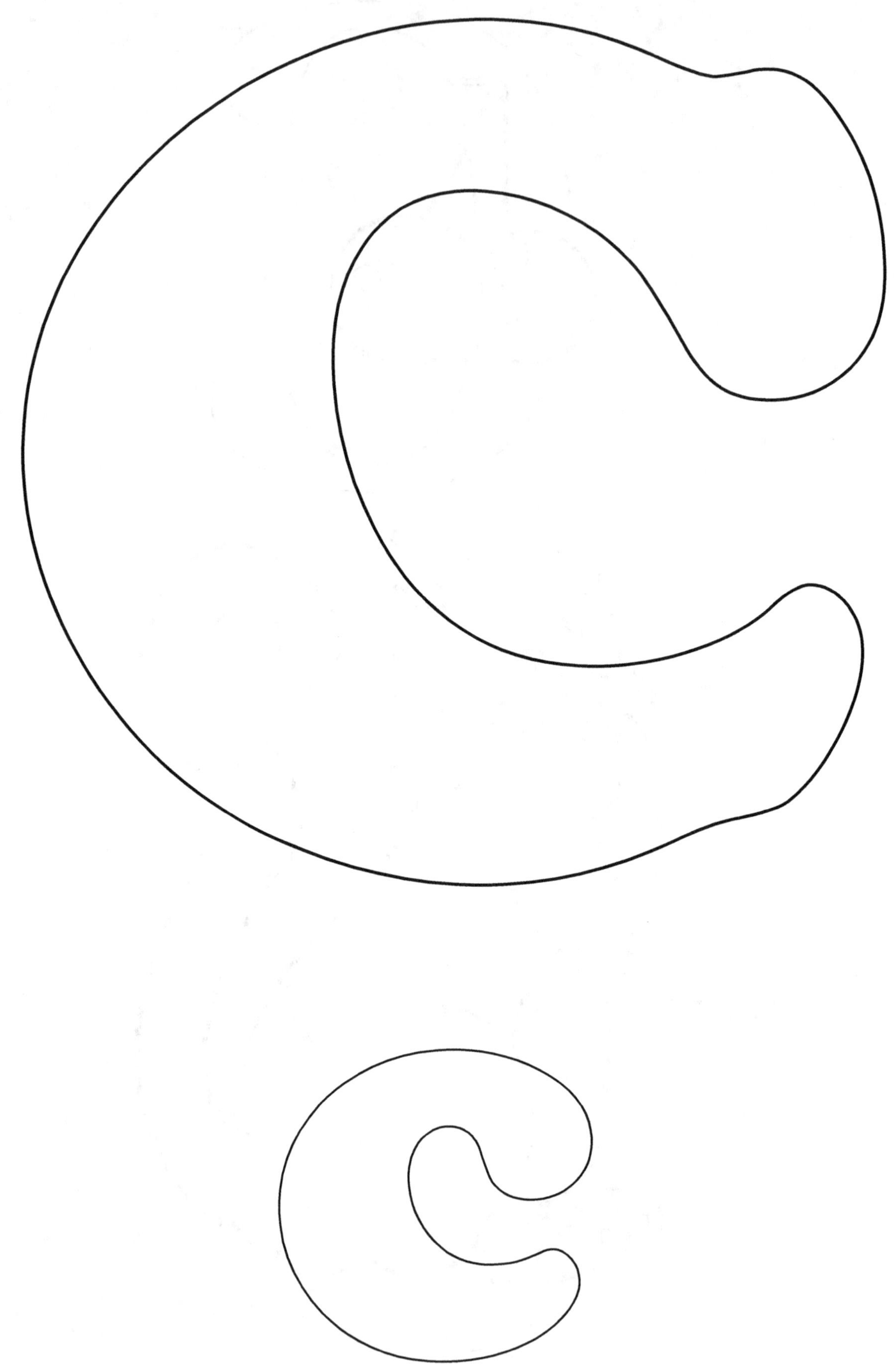

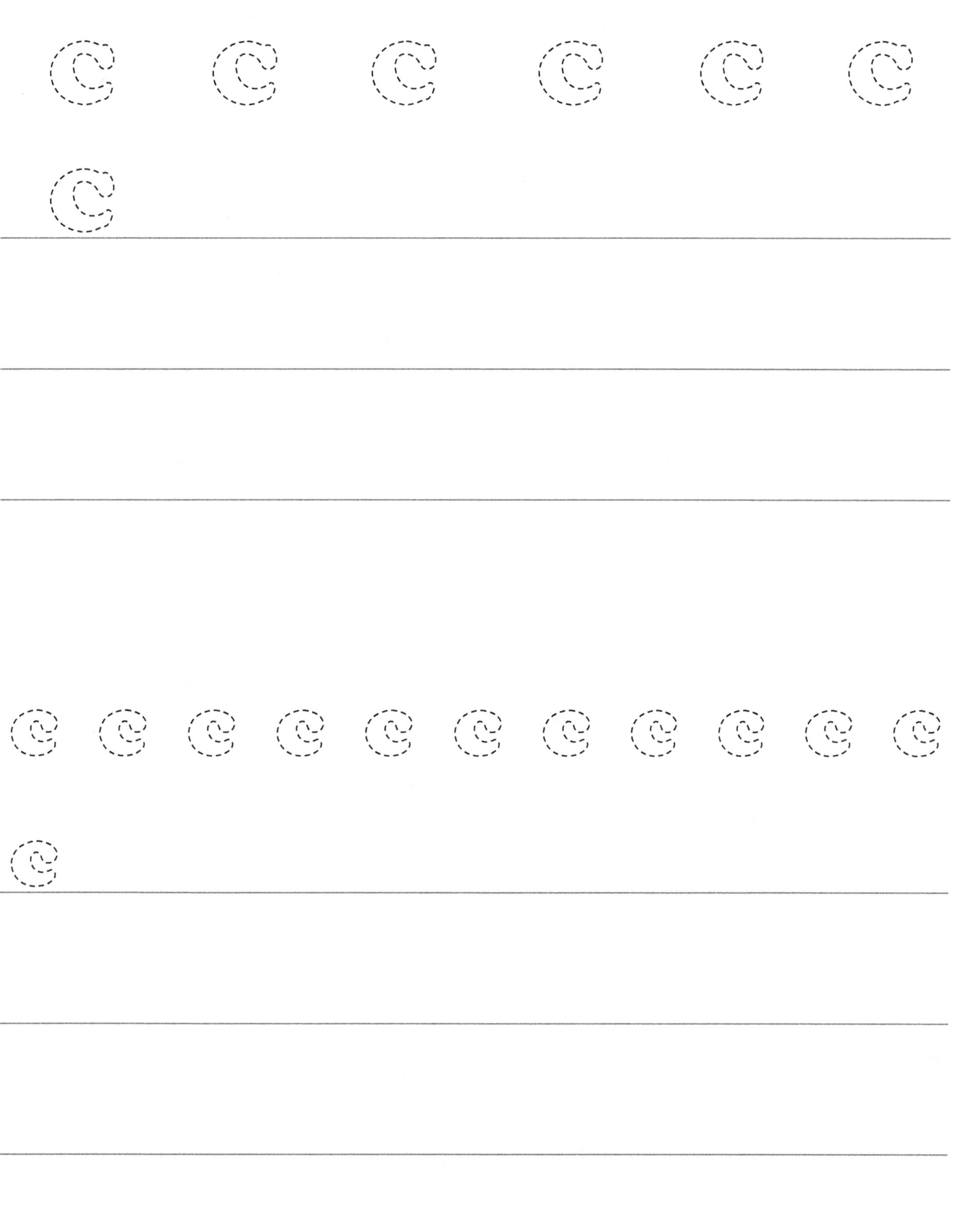

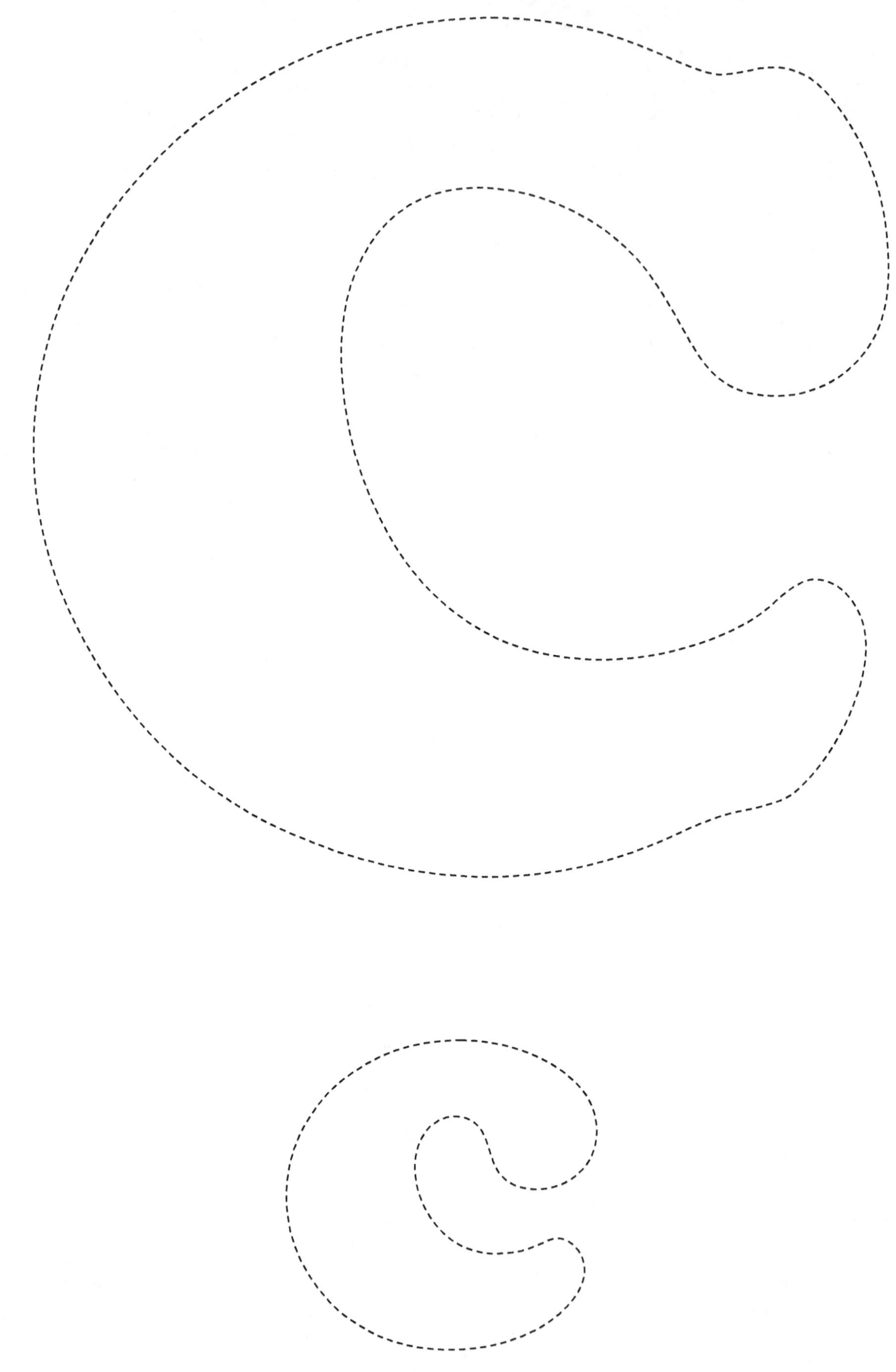

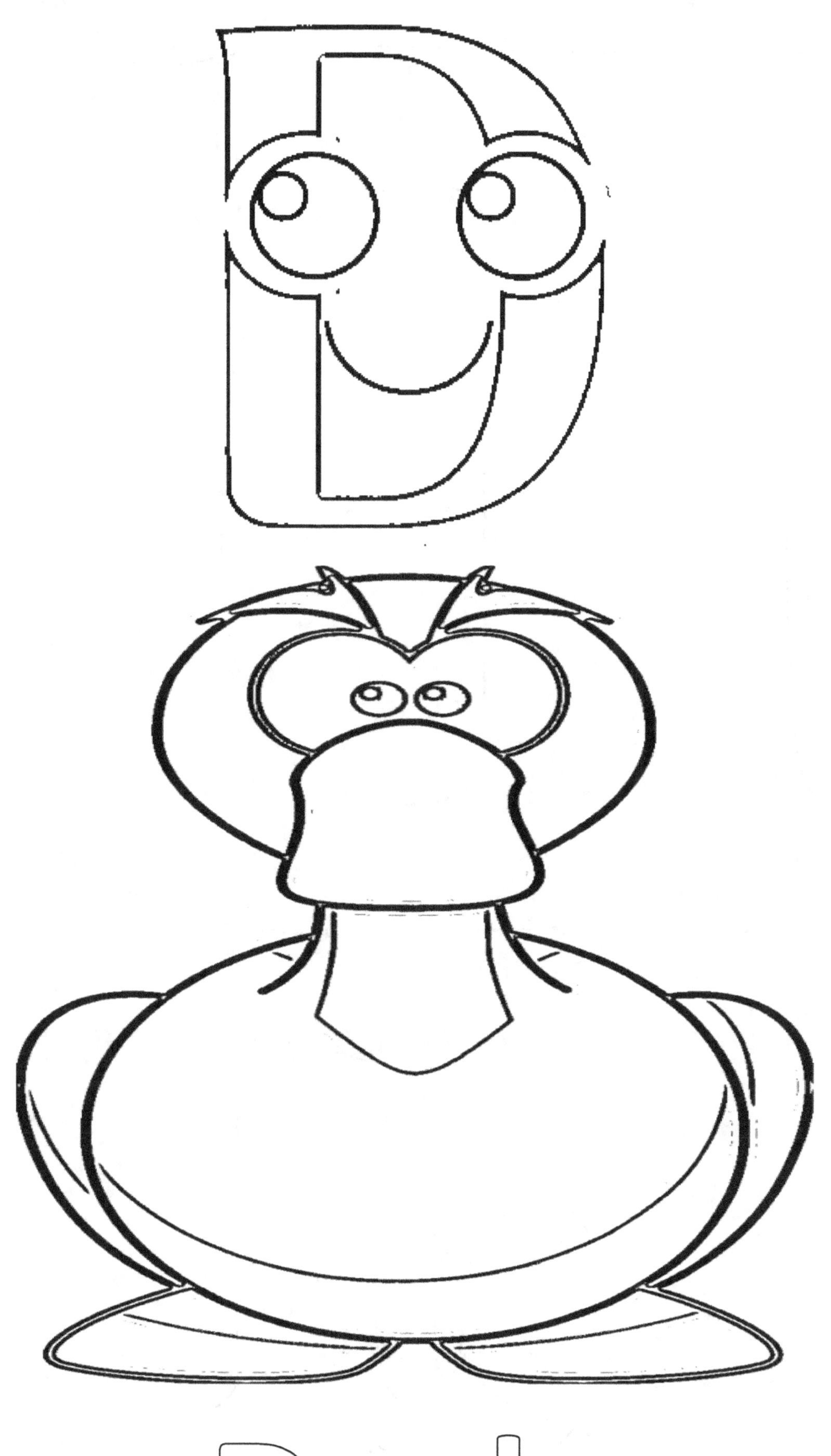

Duck

Elephant

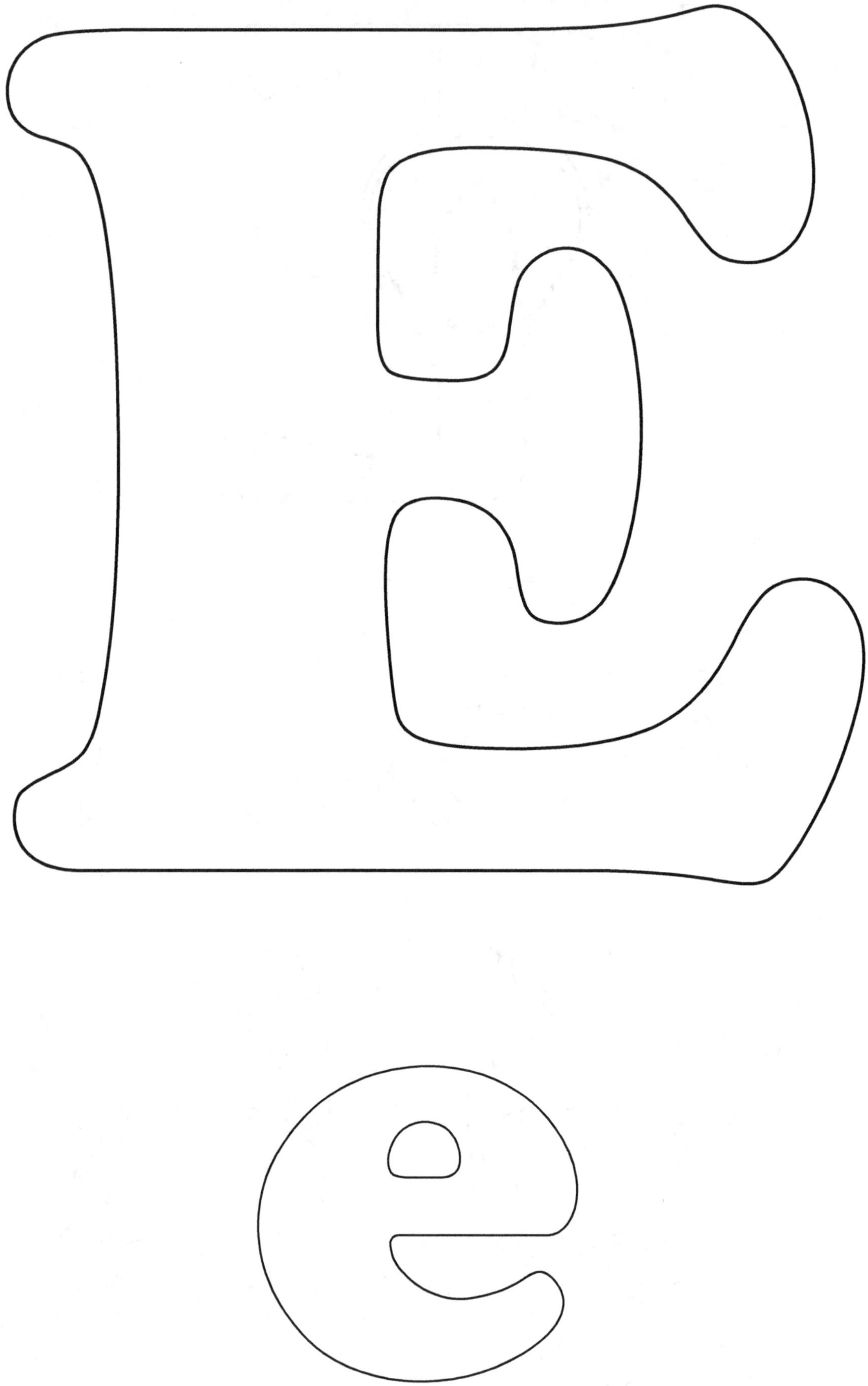

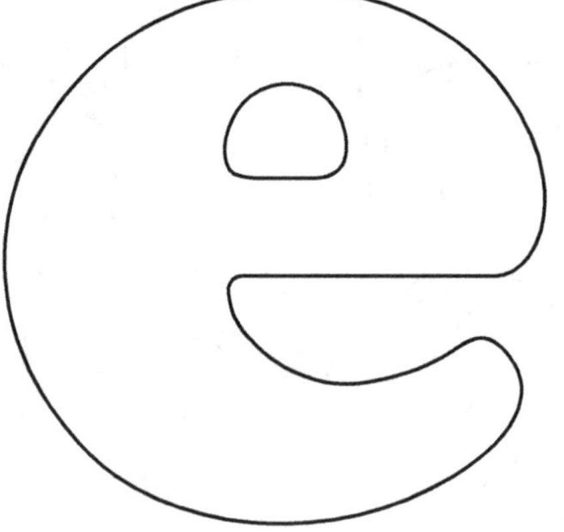

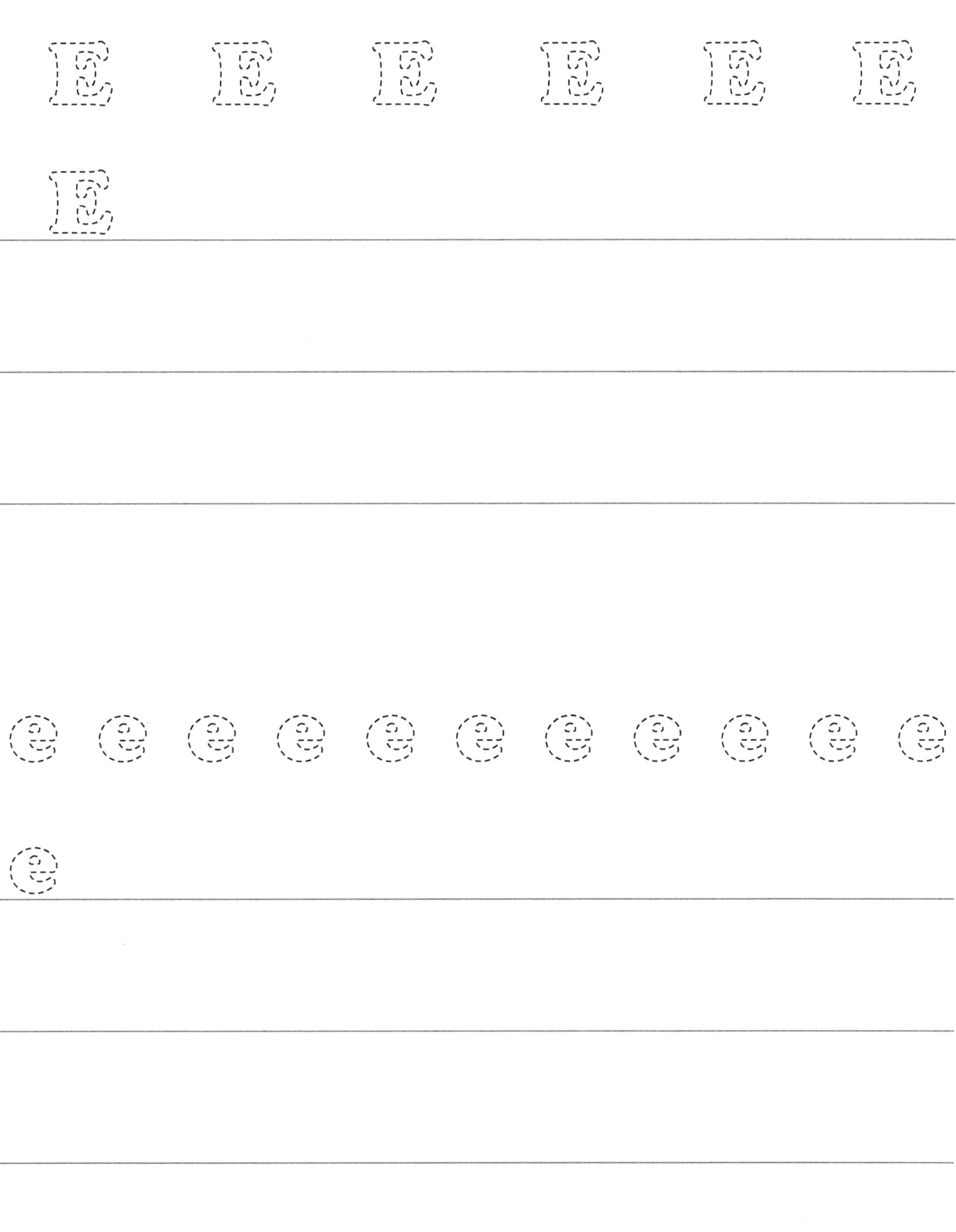

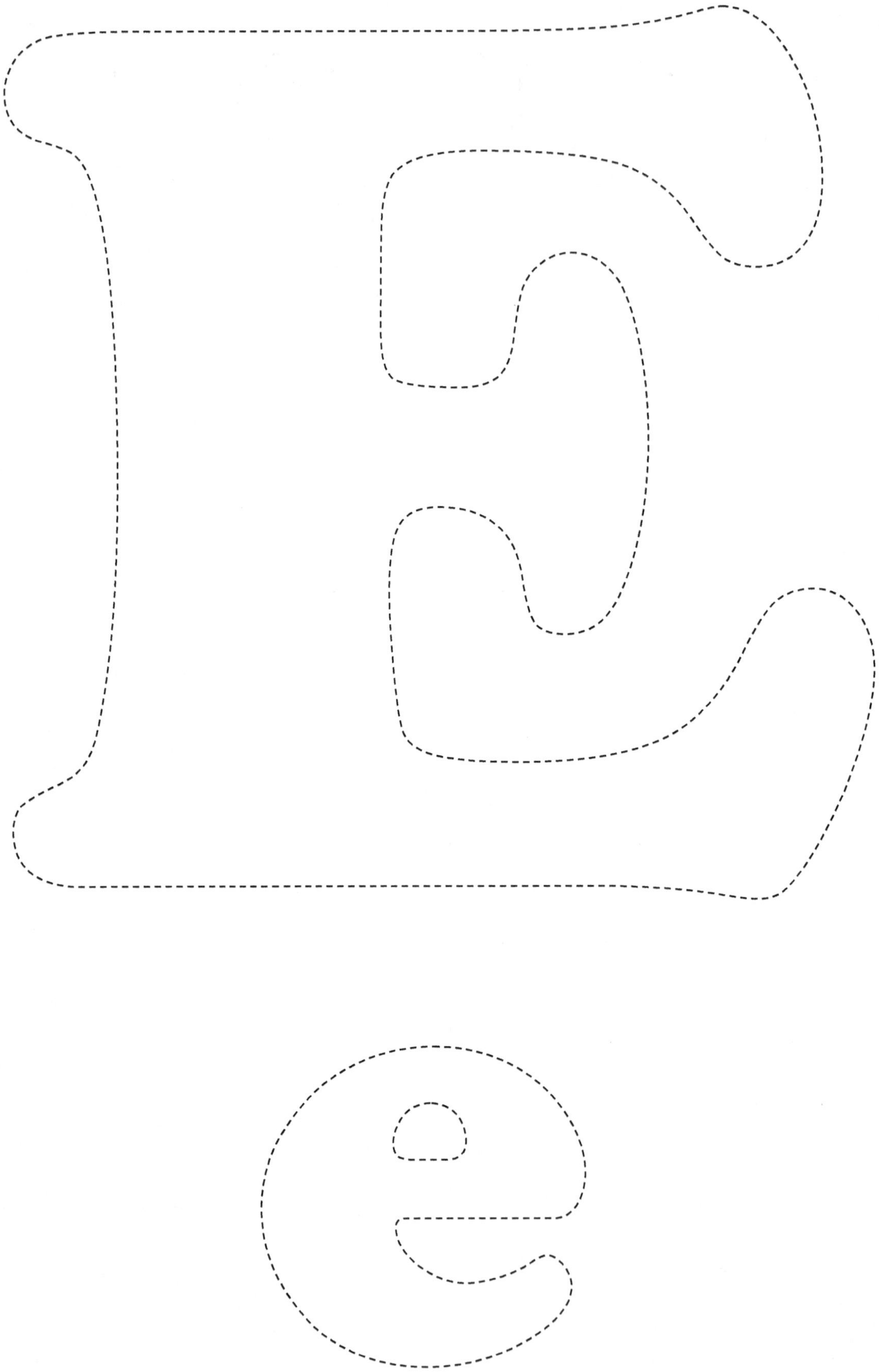

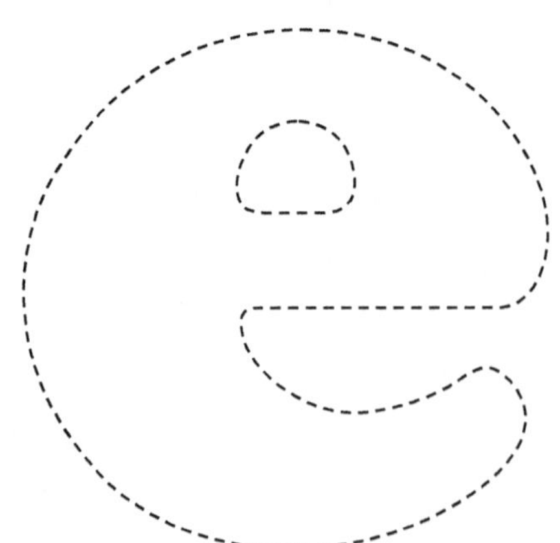

F
Frog

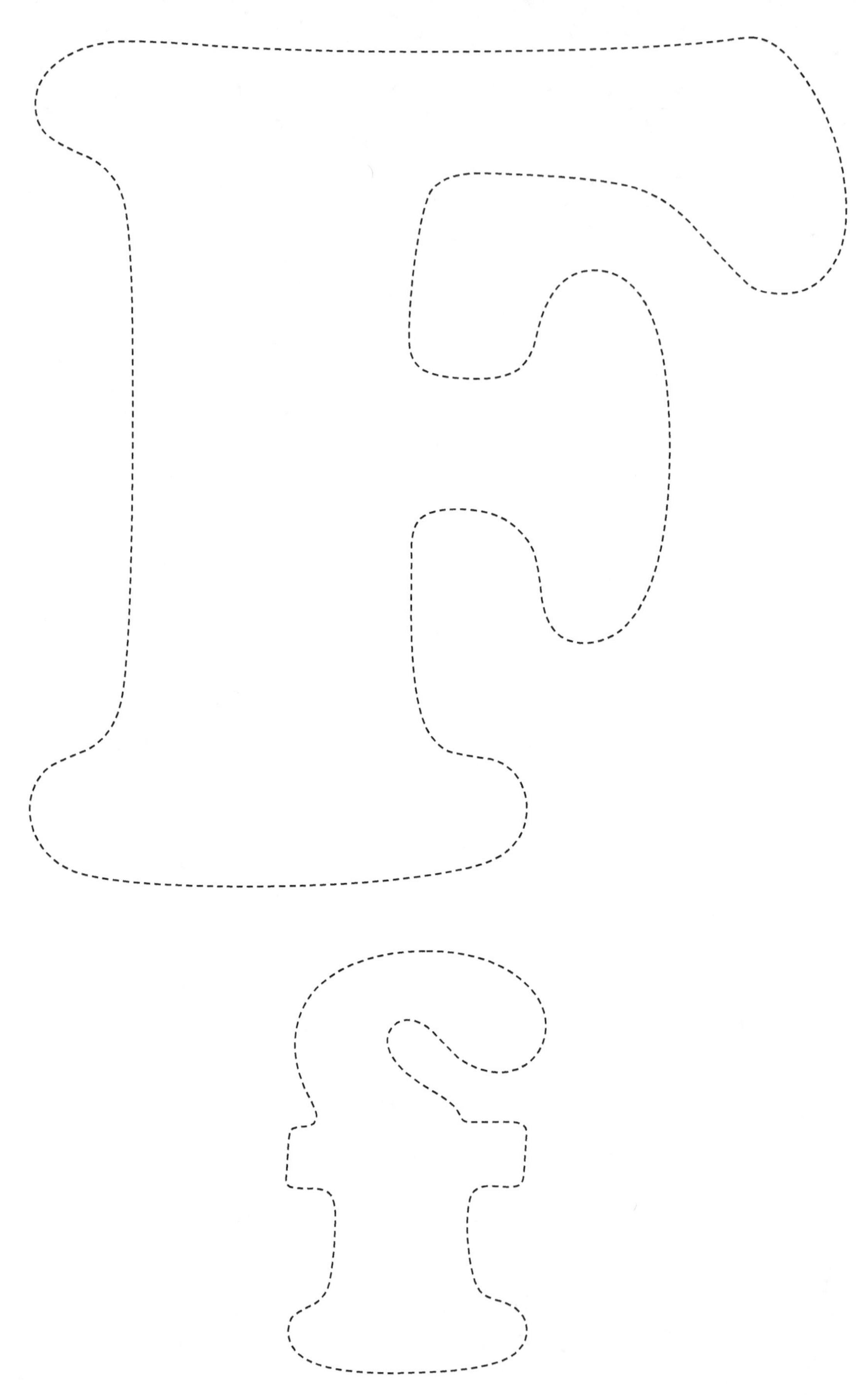

Giraffe

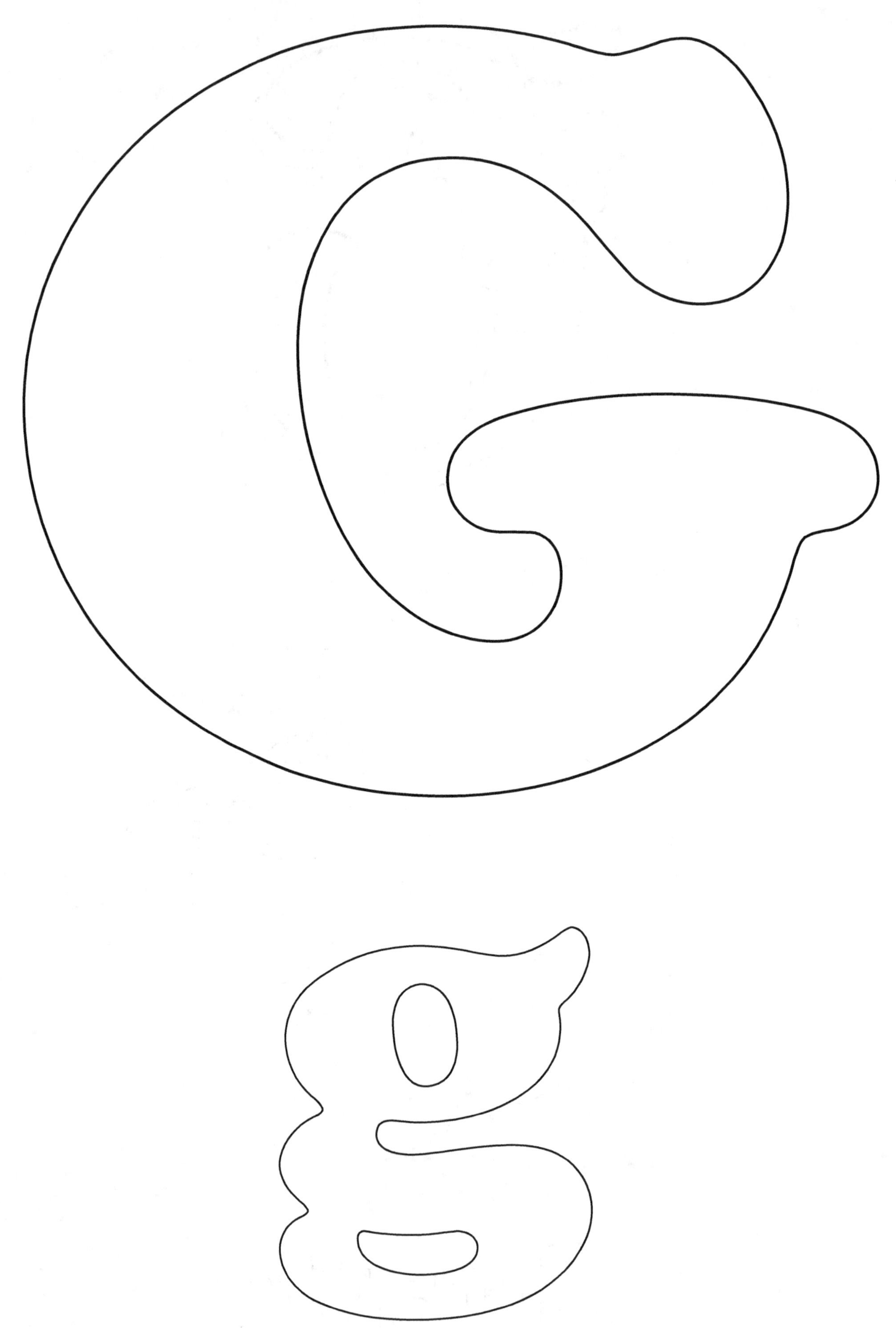

H

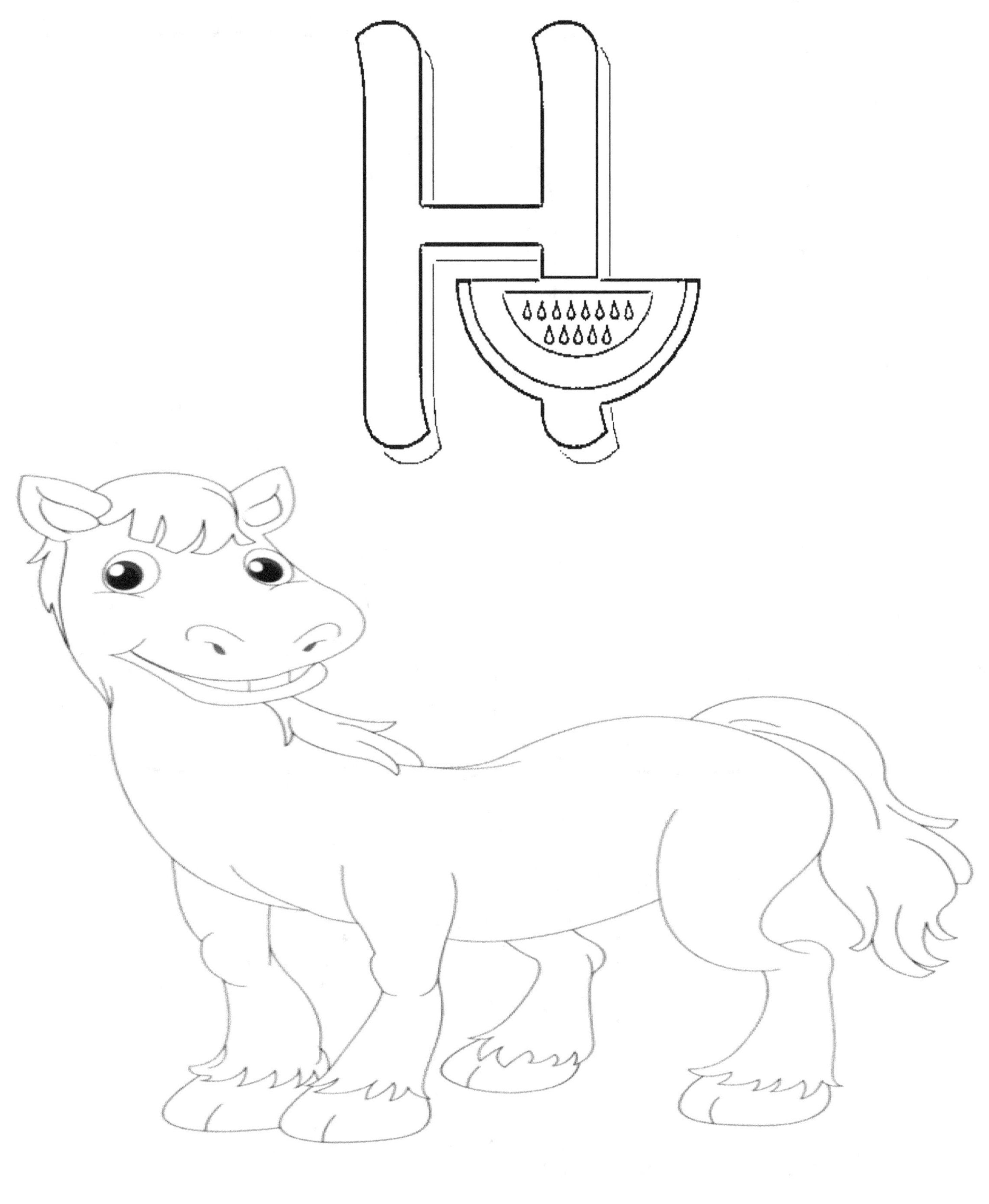

Horse

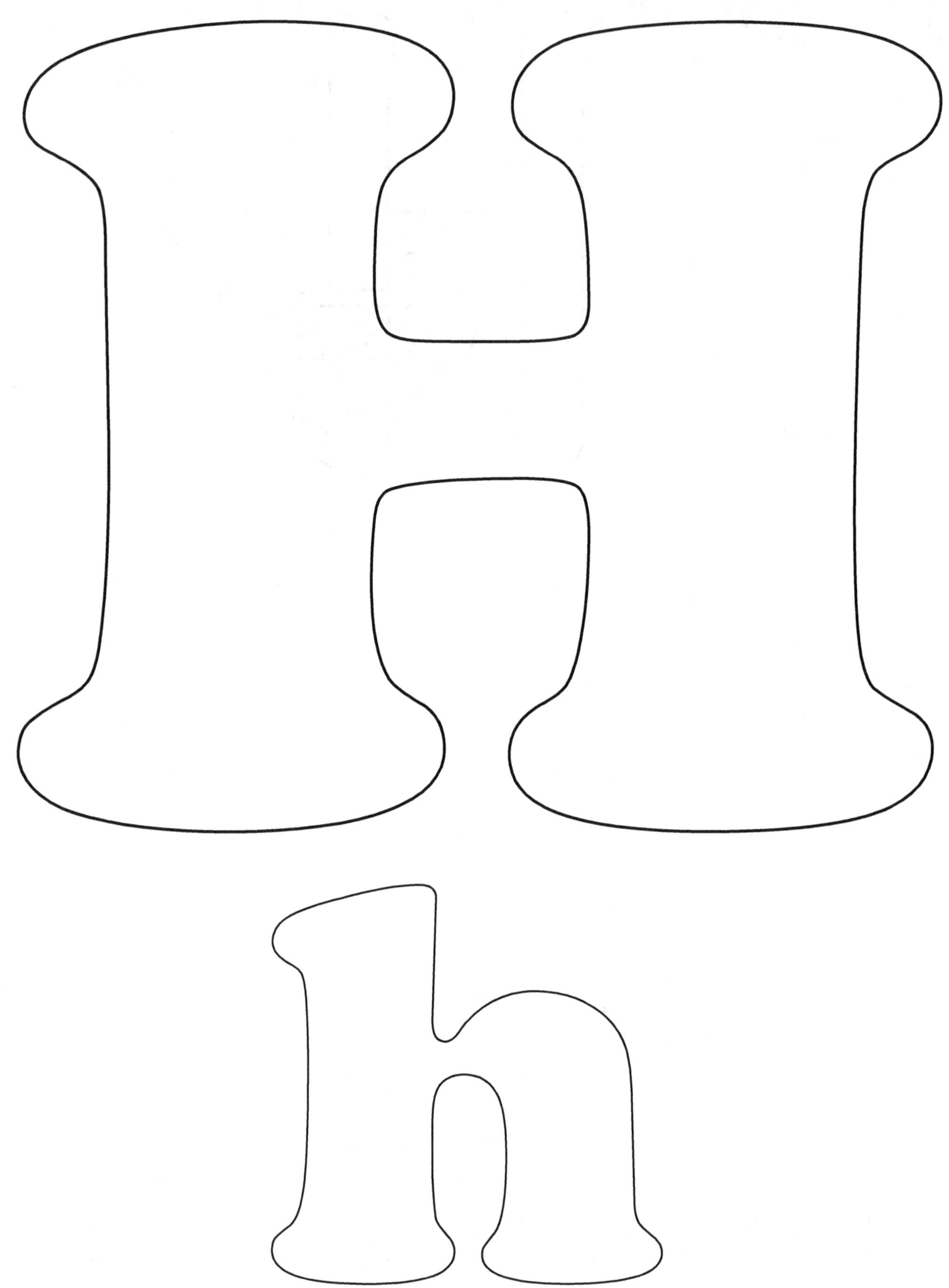

Ice cream

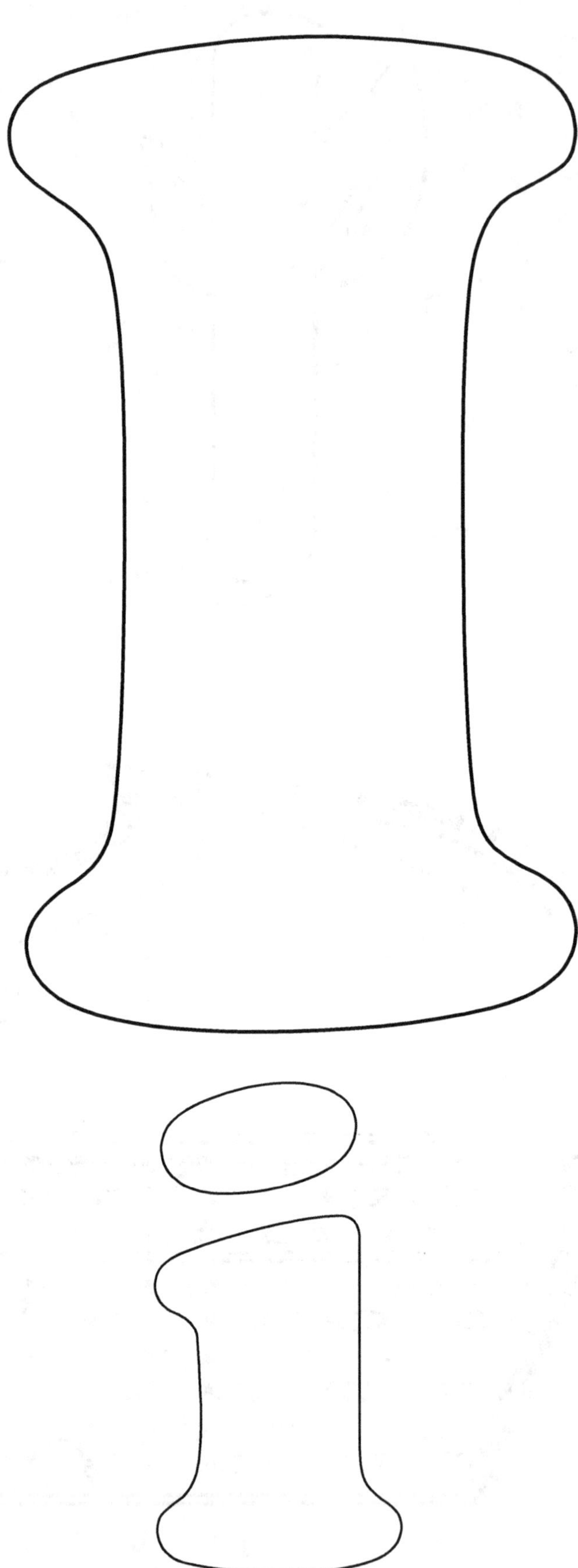

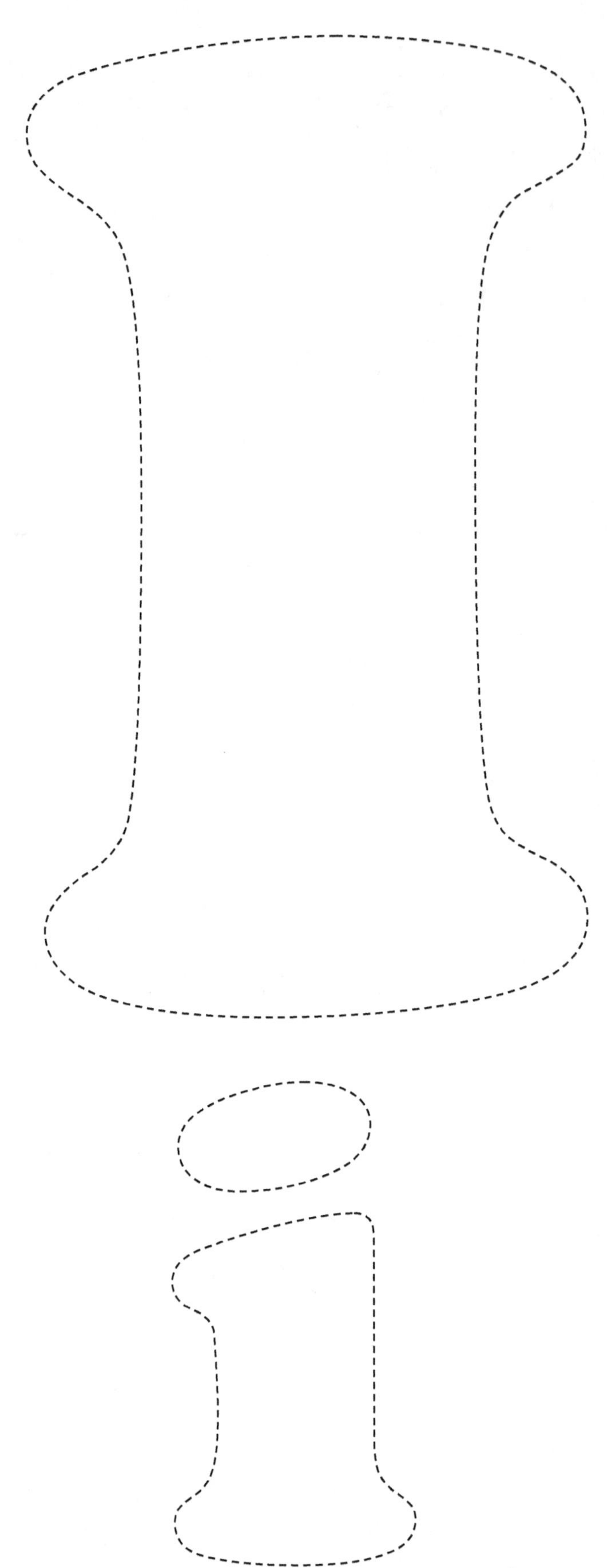

Jaguar

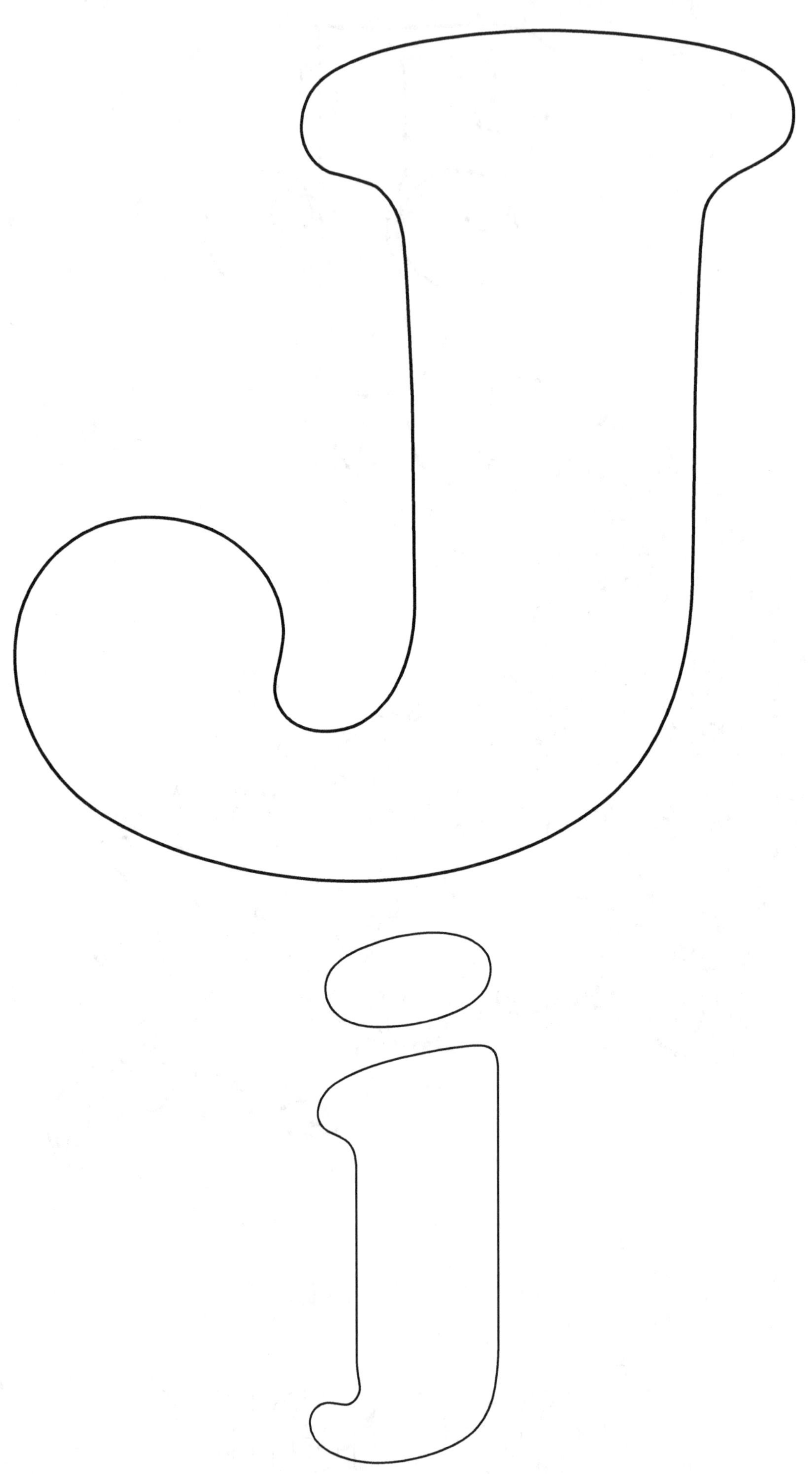

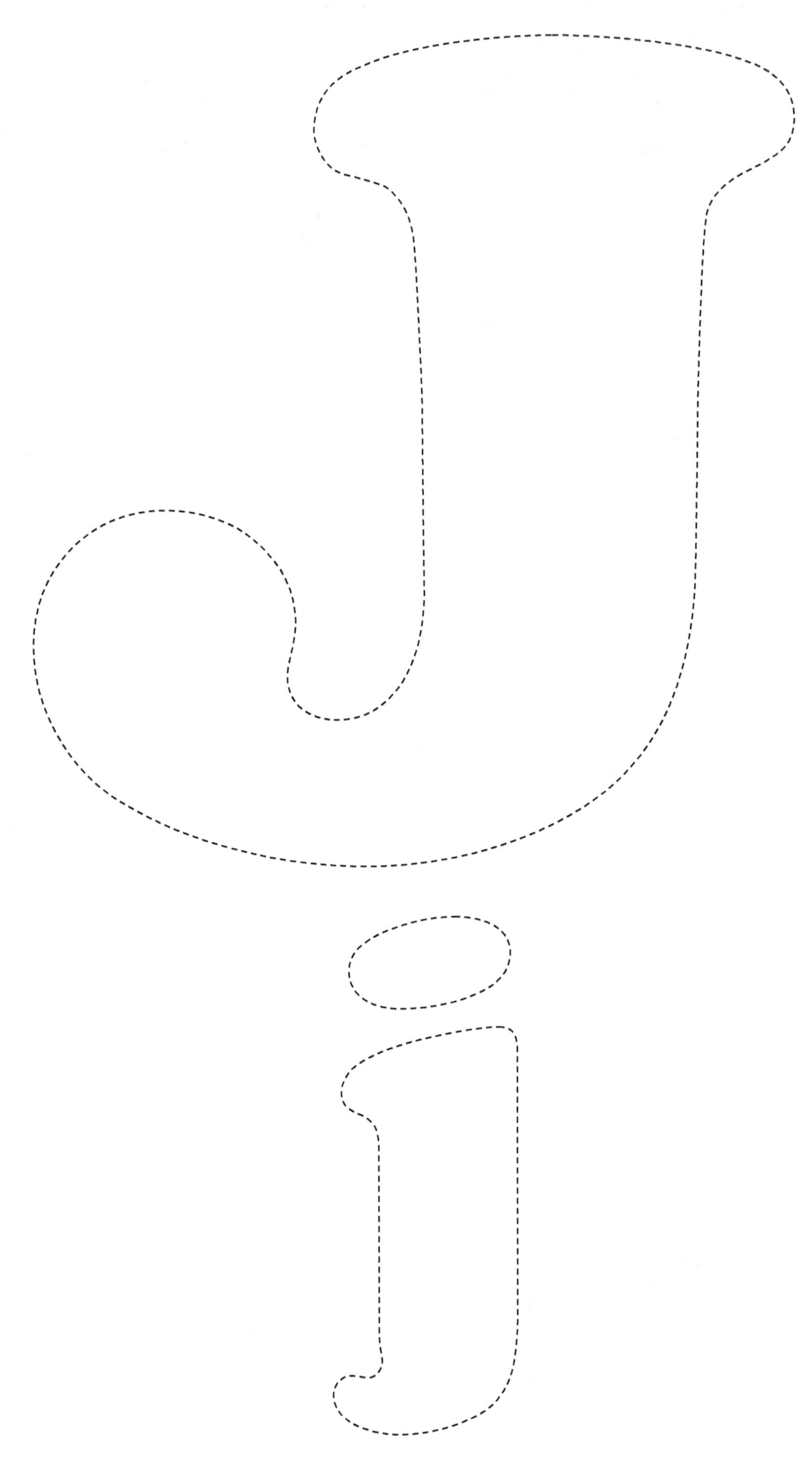

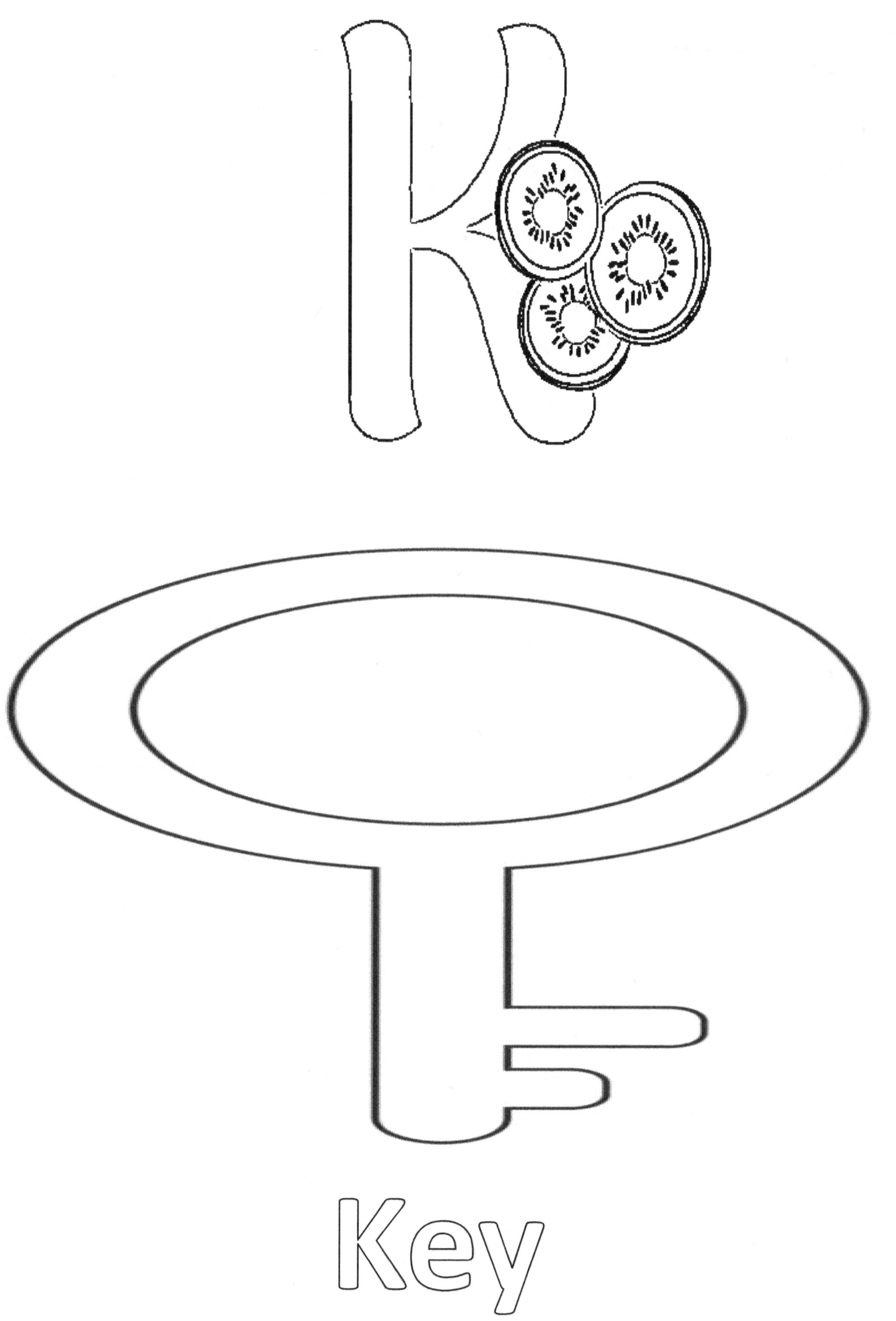

K
Key

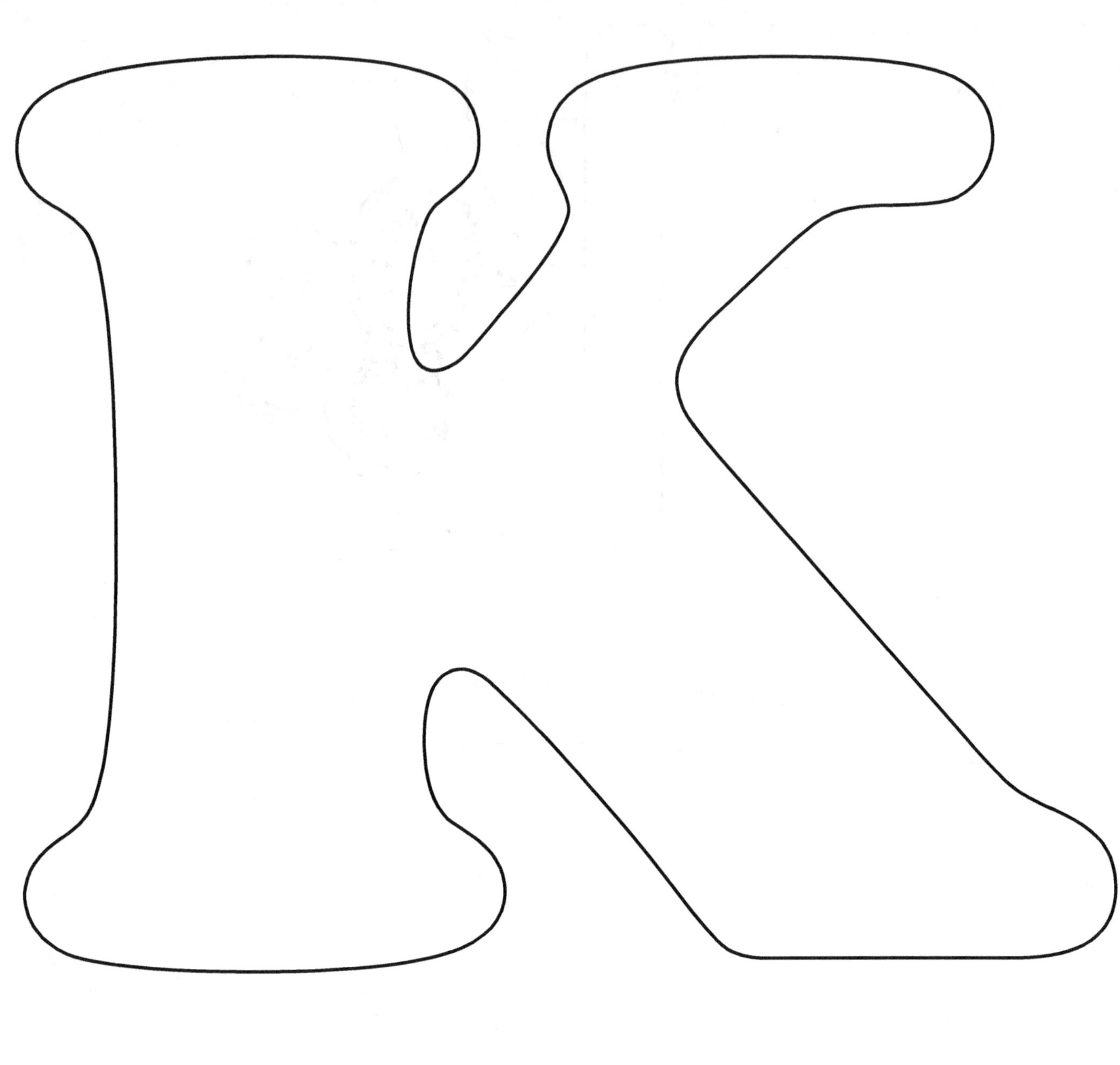

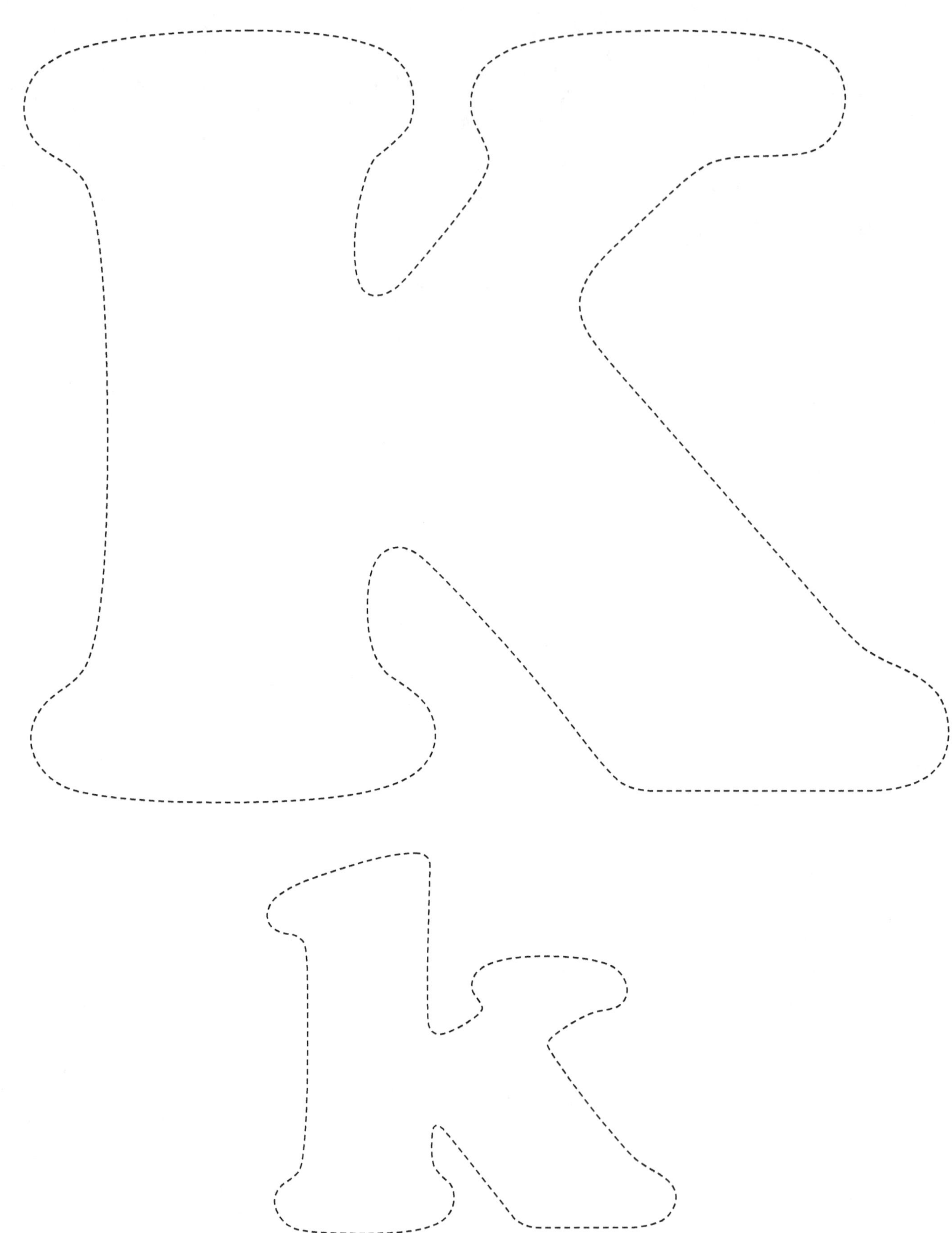

L

Lion

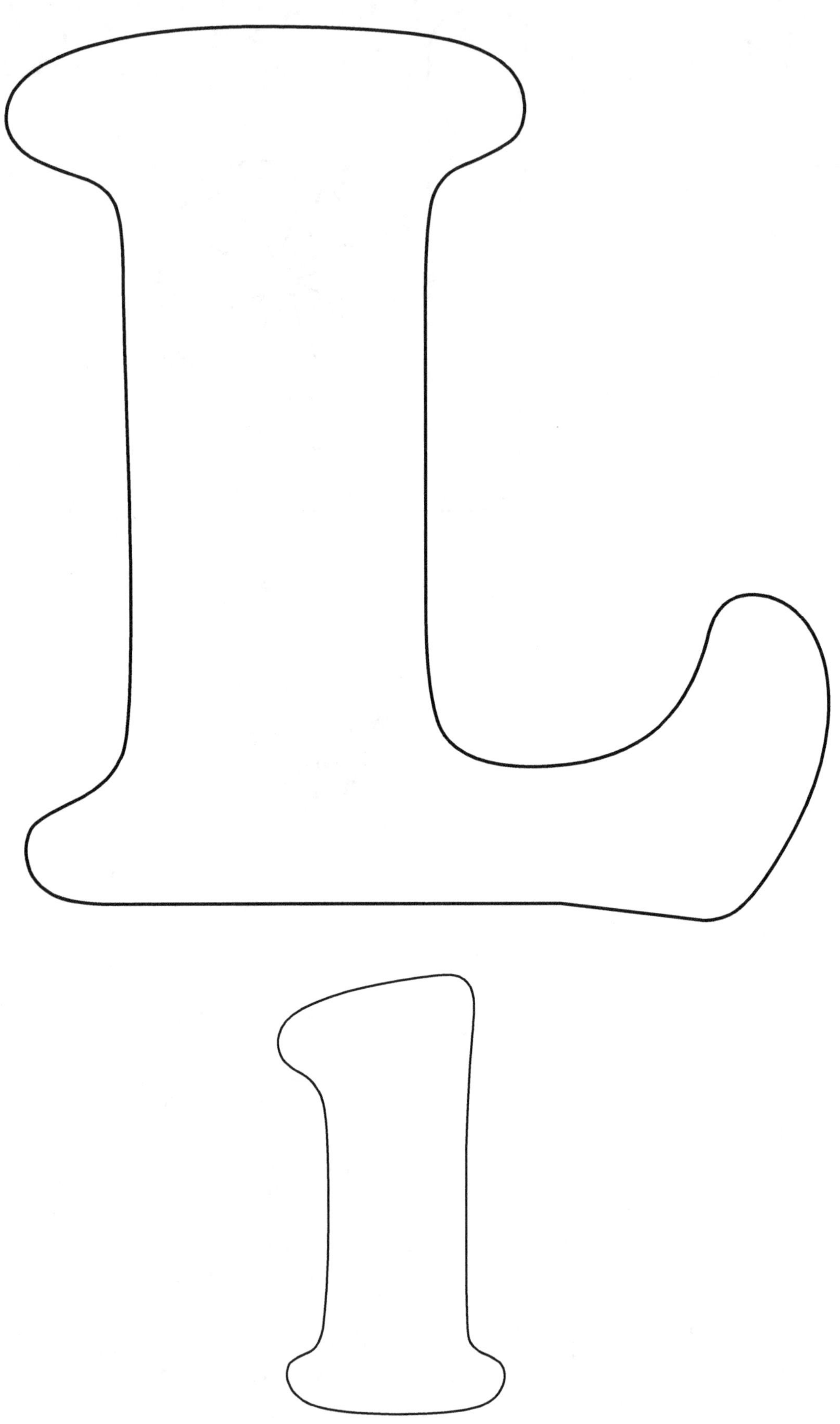

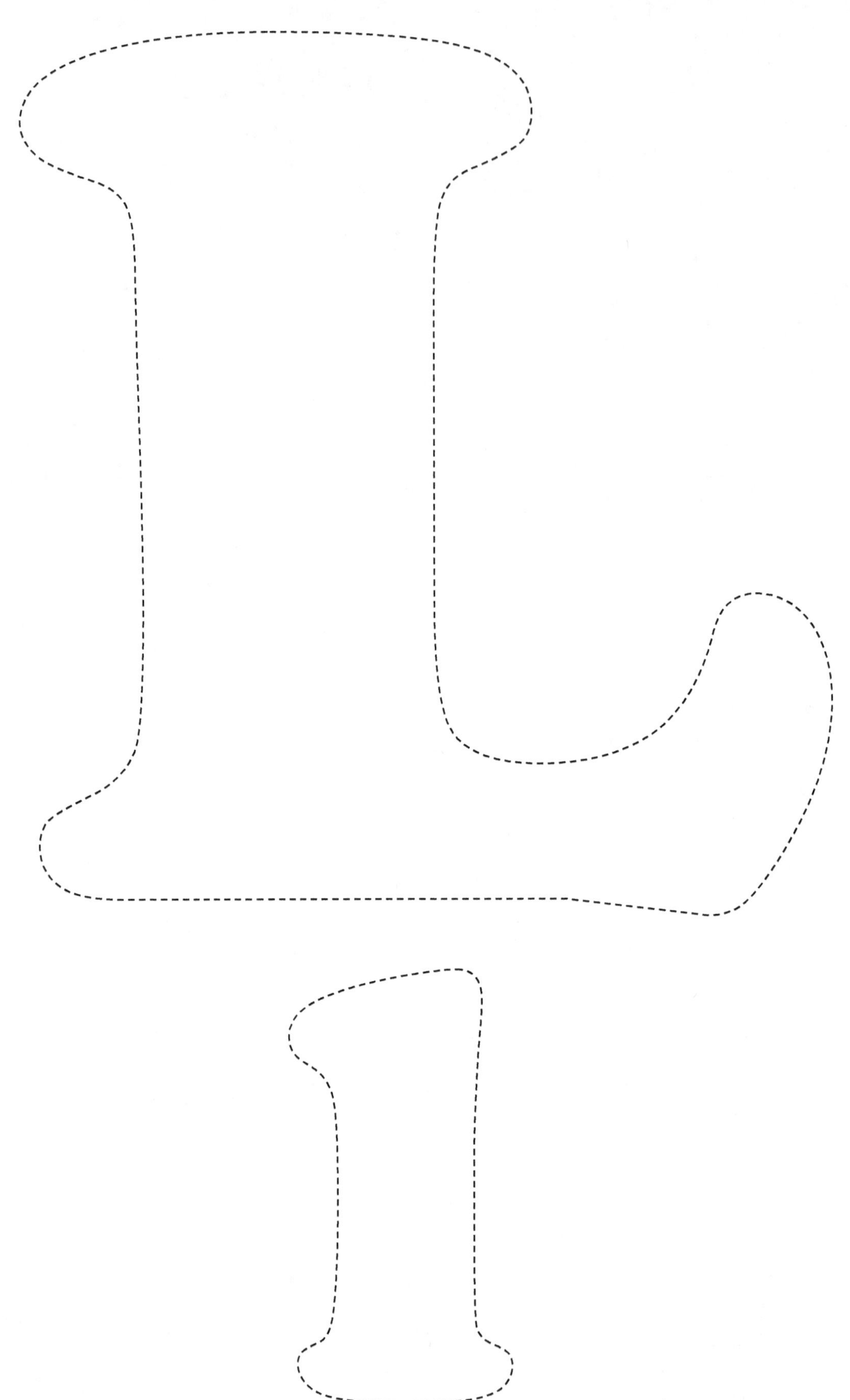

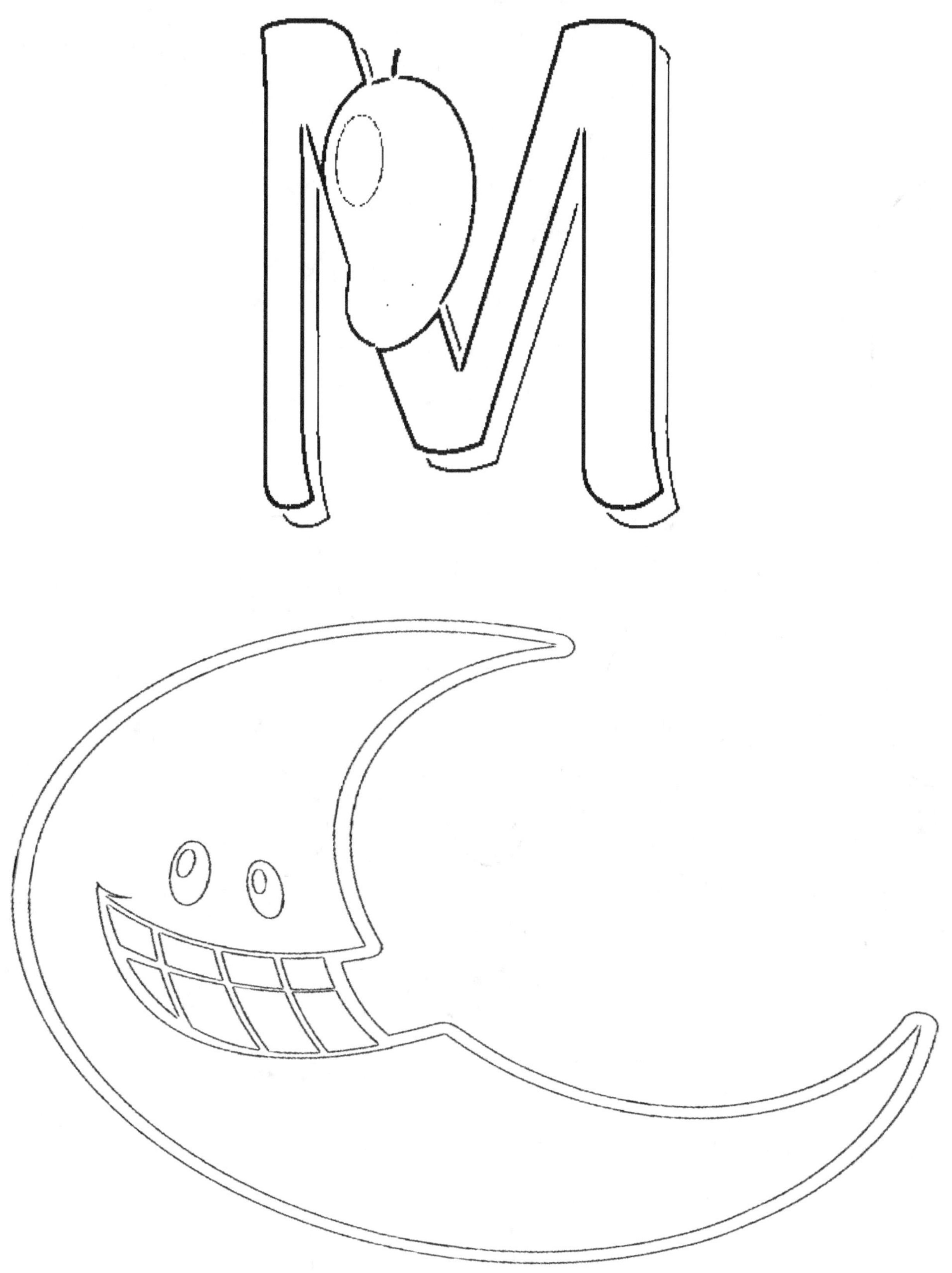

Moon

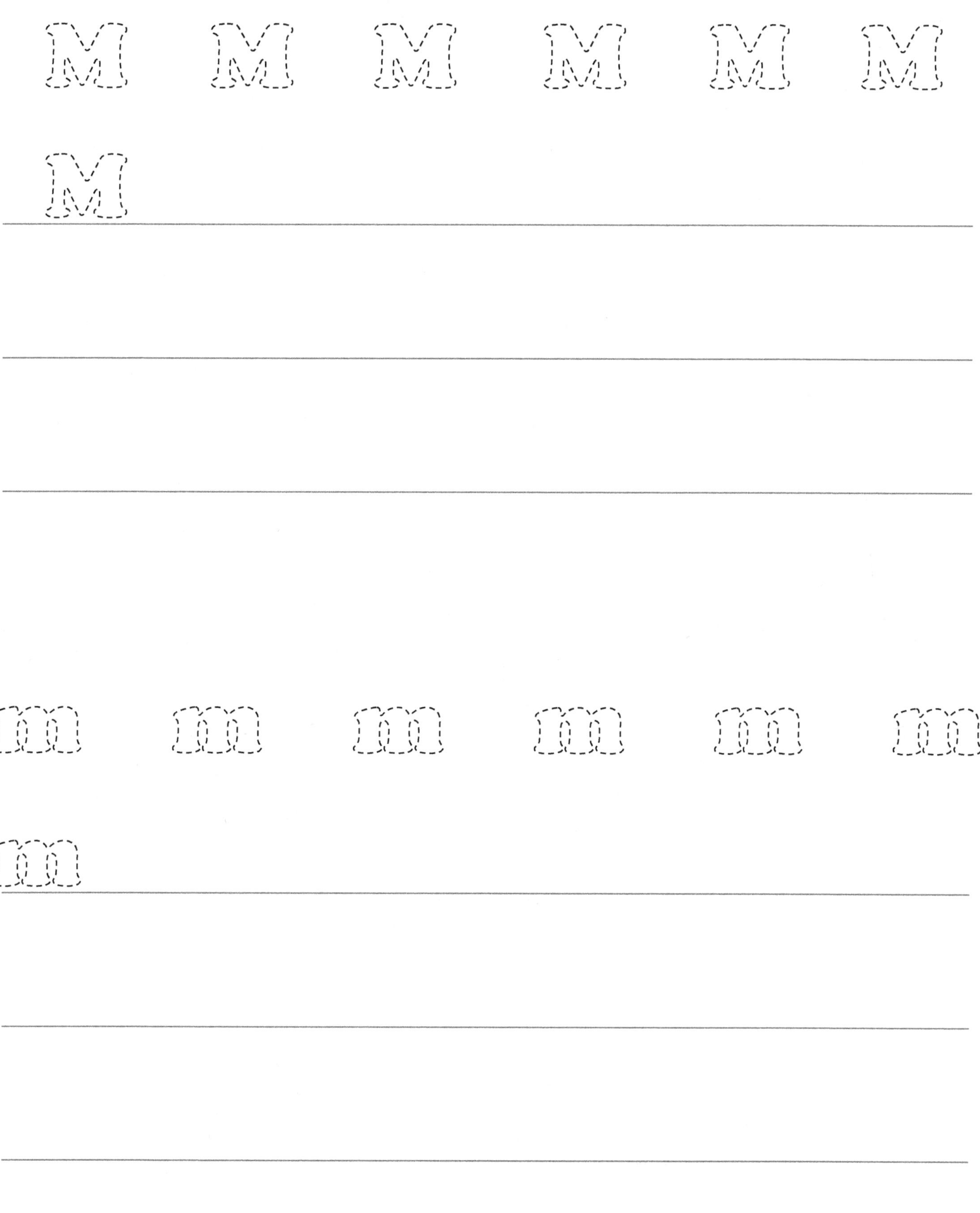

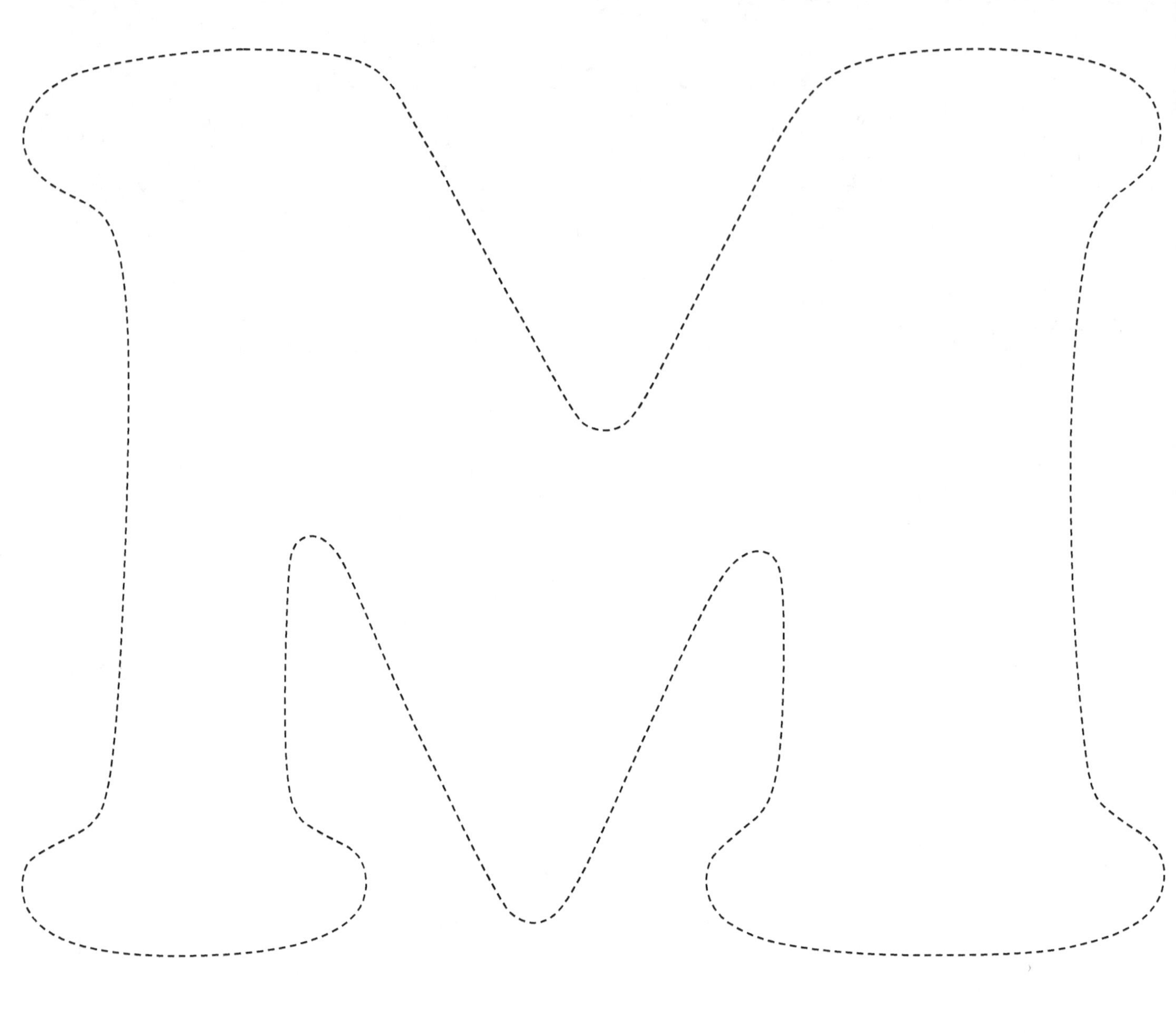

Nn

Nut

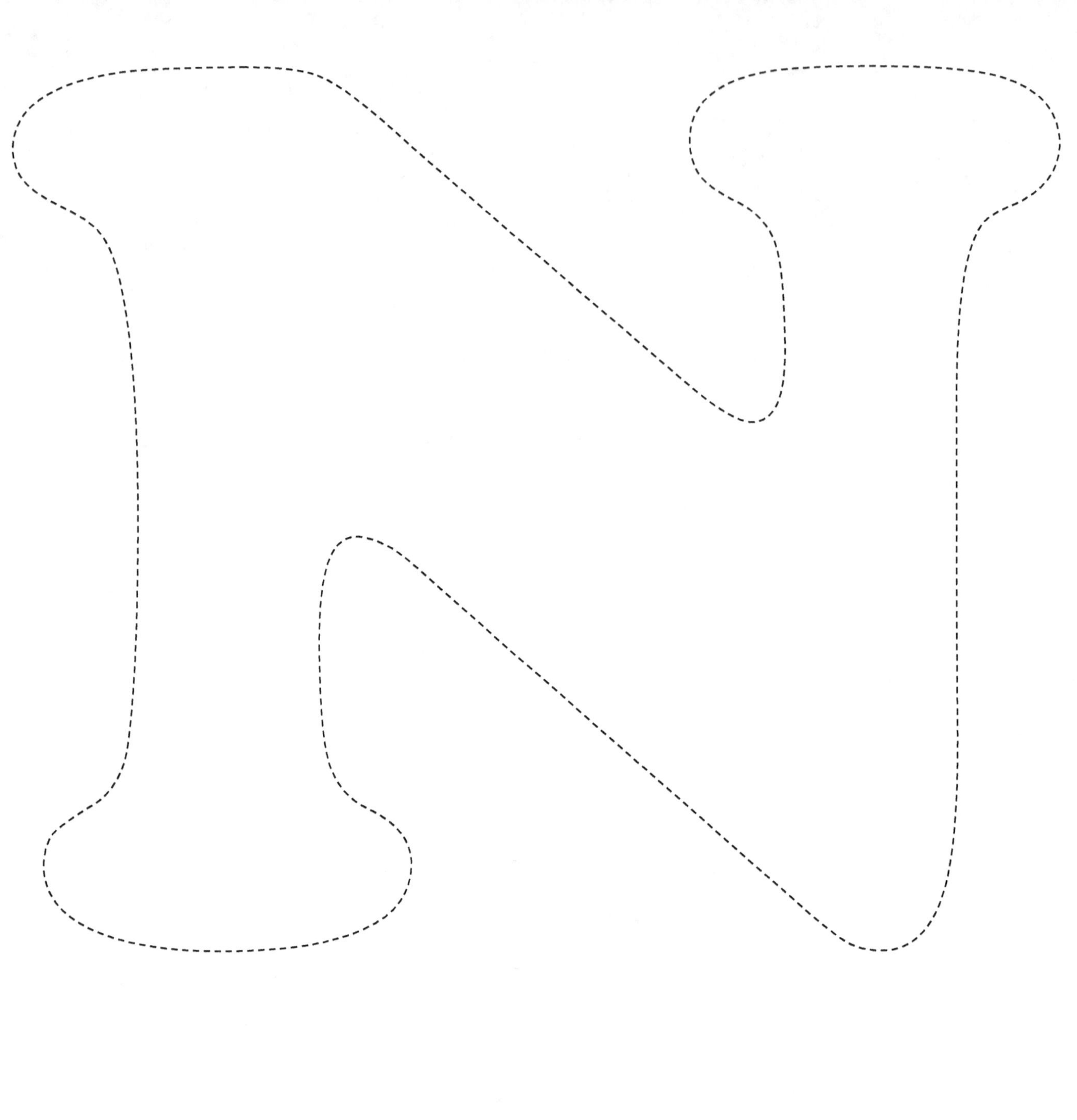

Owl

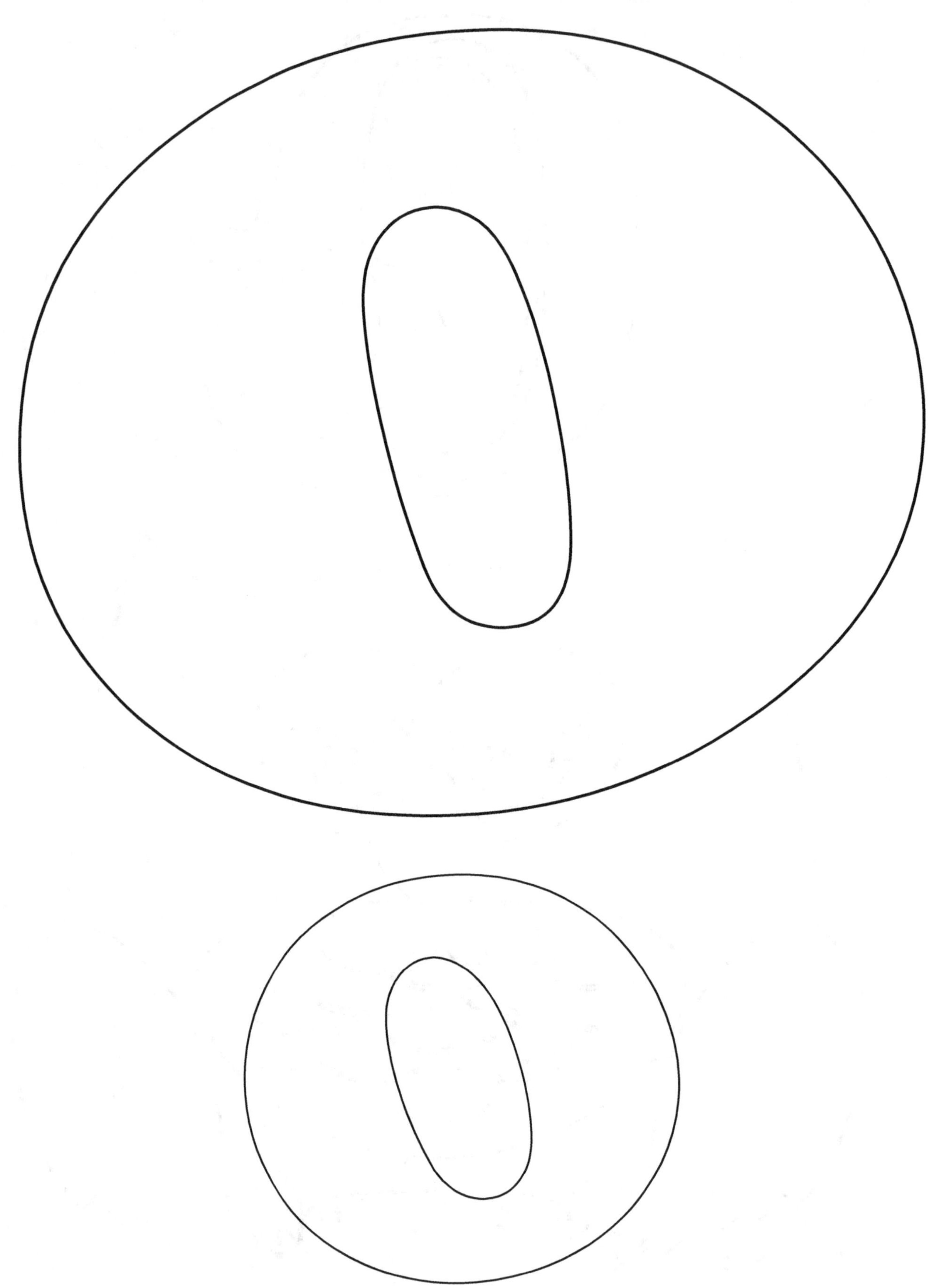

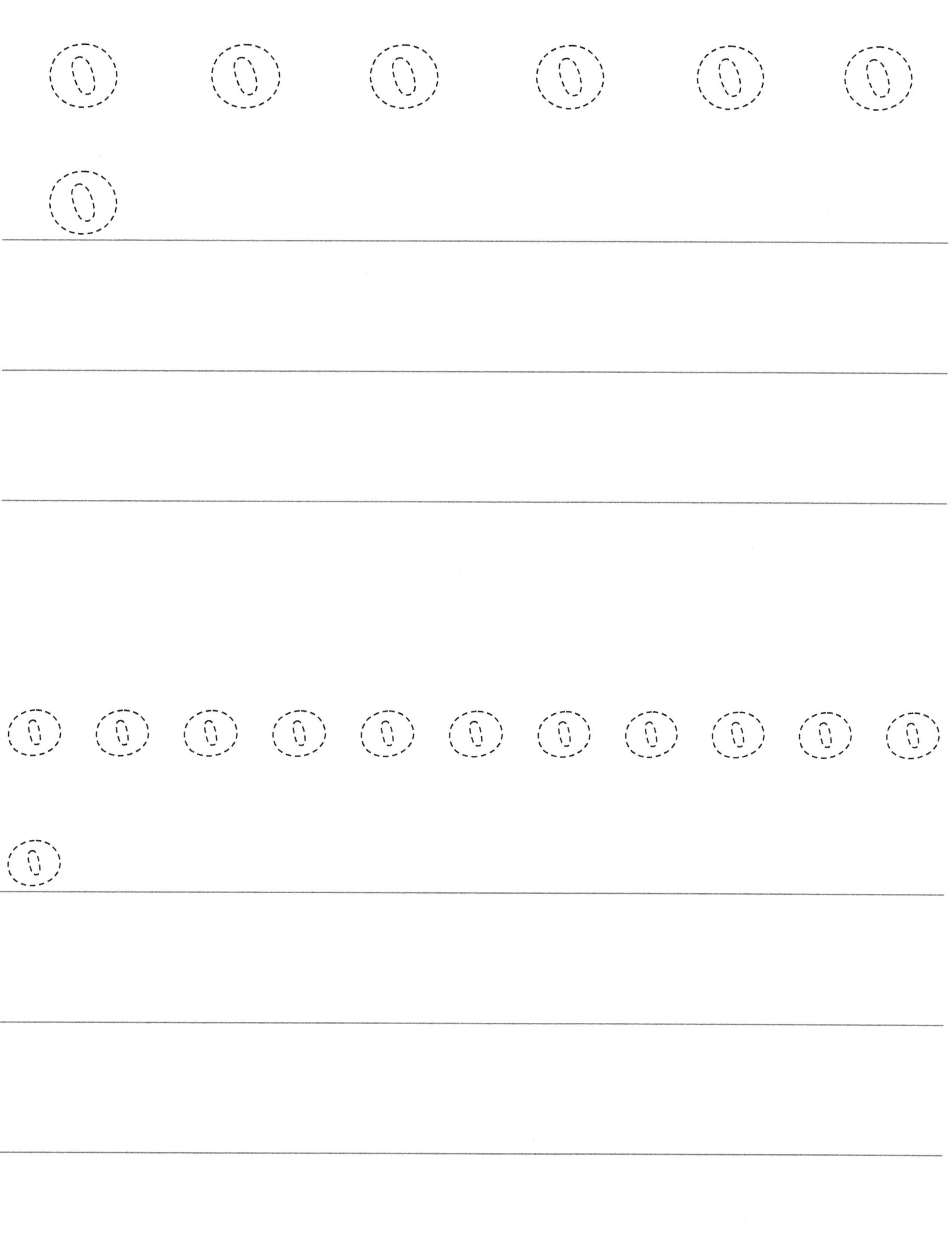

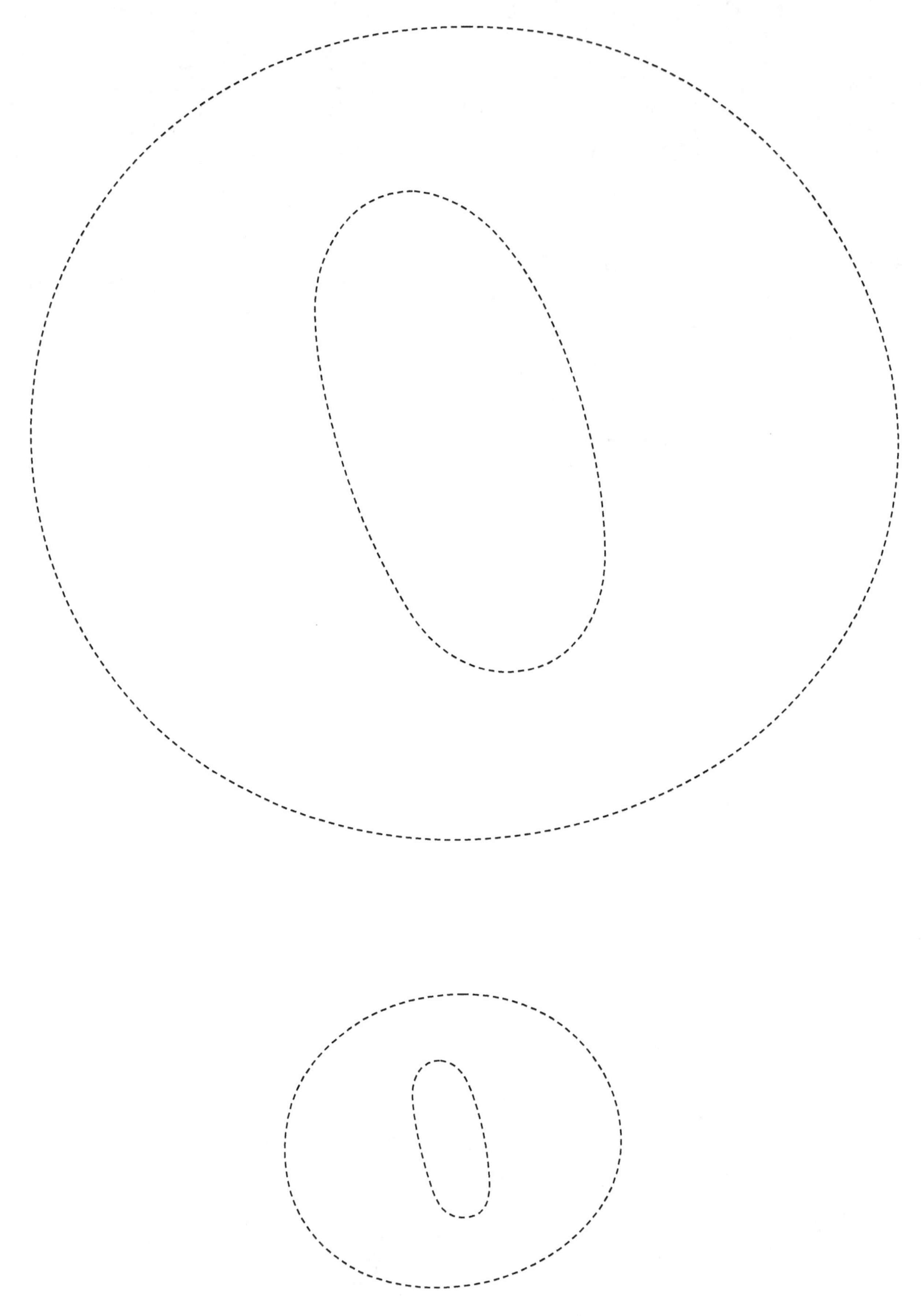

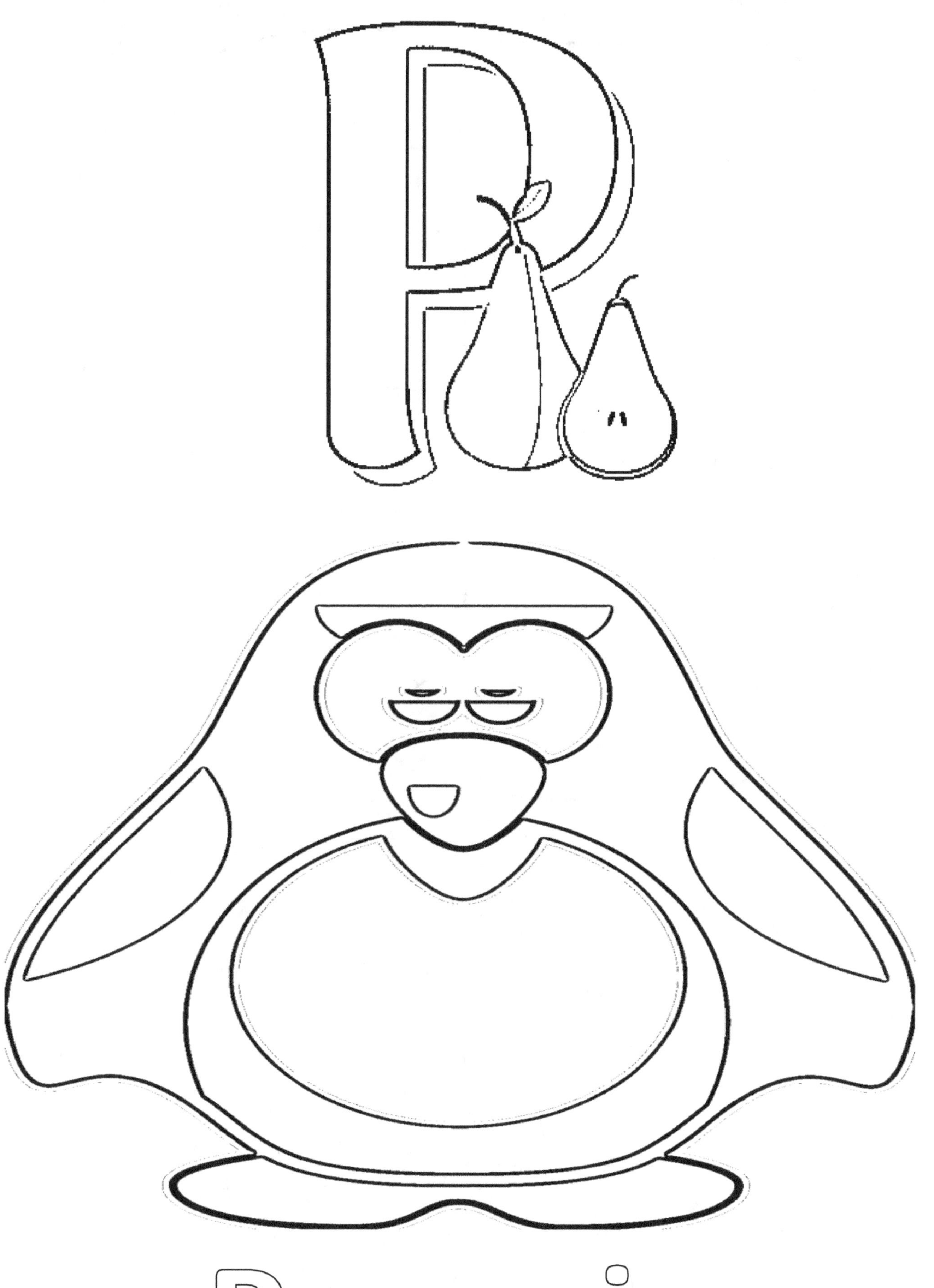

P
Penguin

Question mark

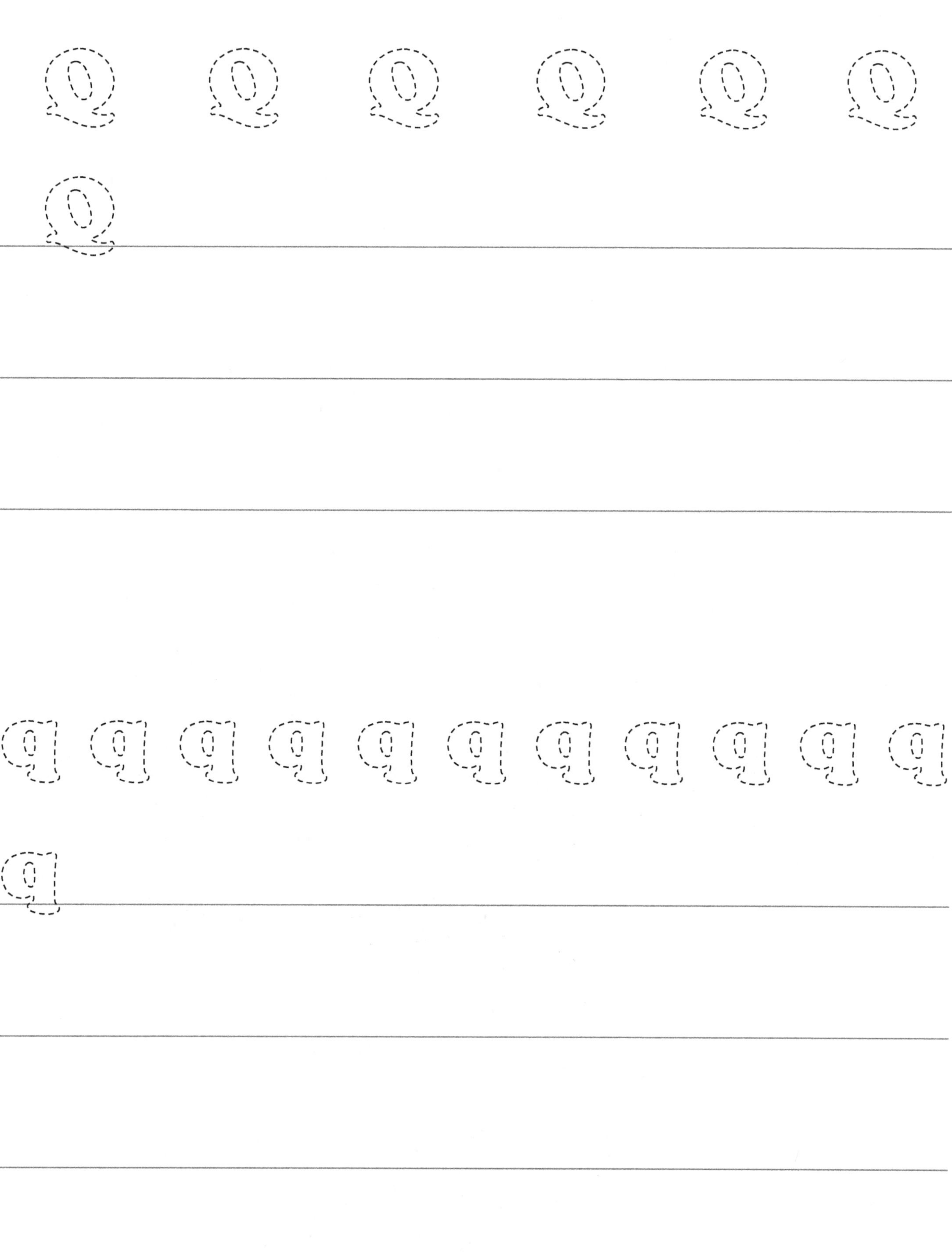

R
Rabbit

Shark

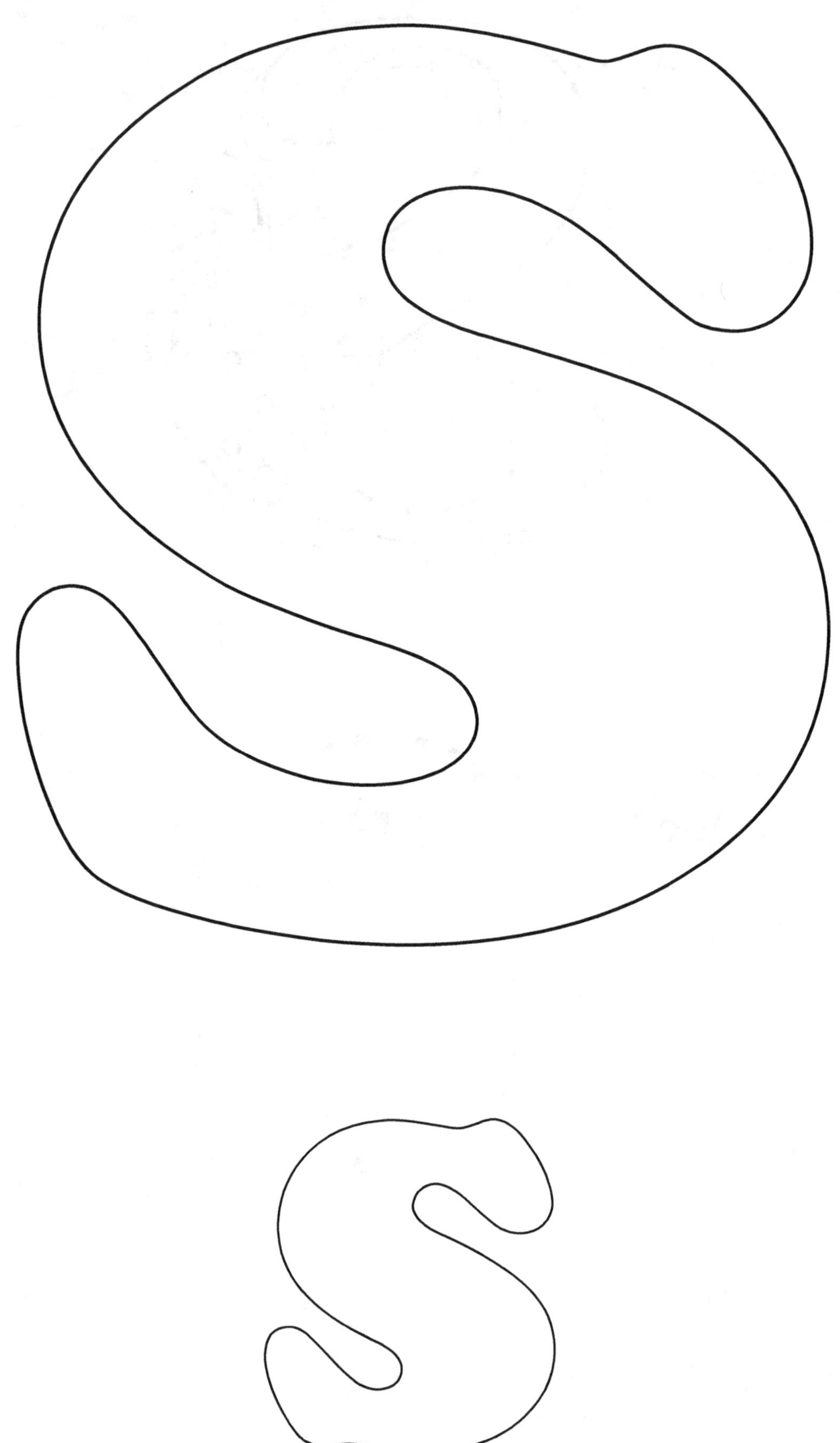

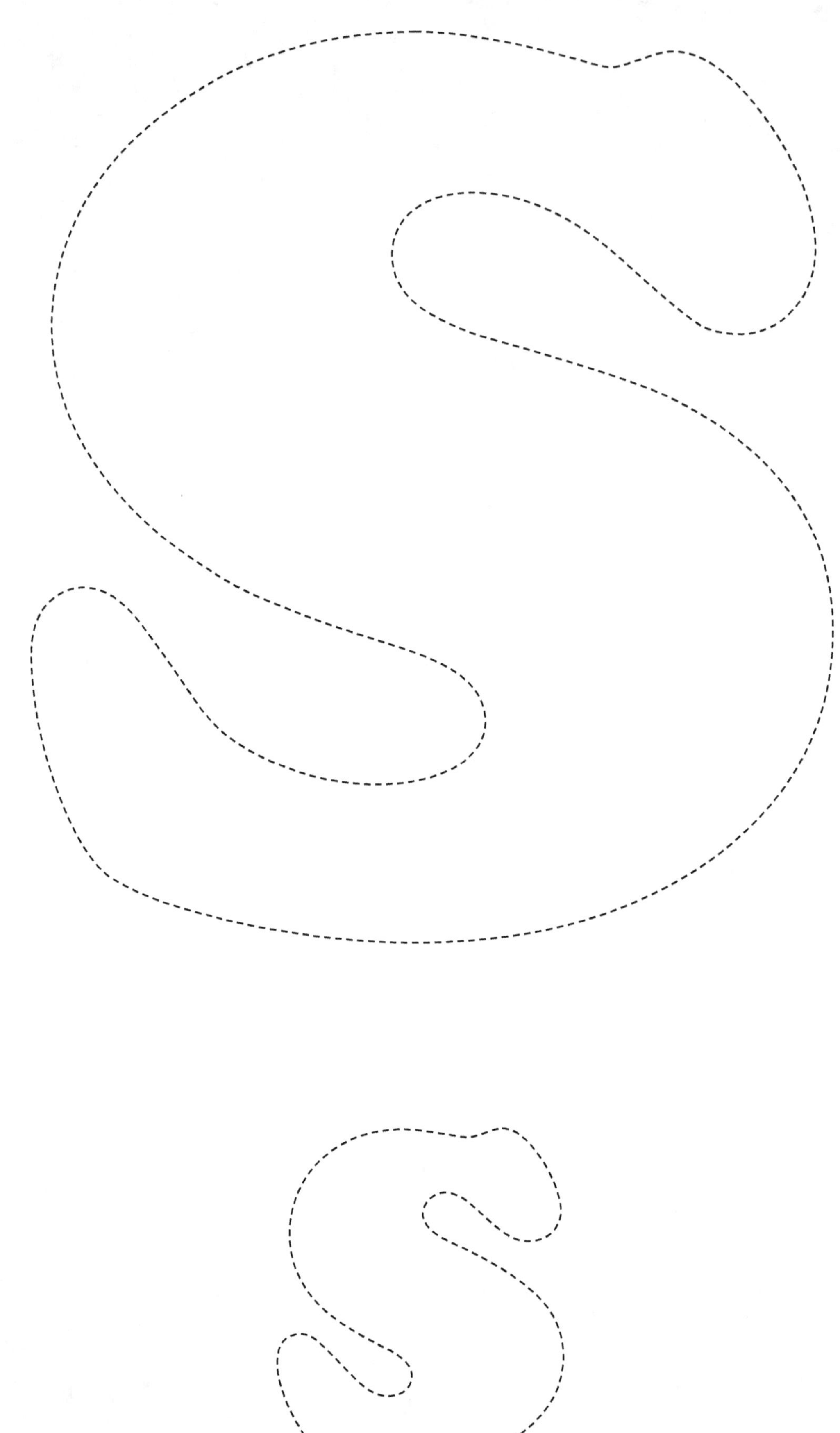

T

Turtle

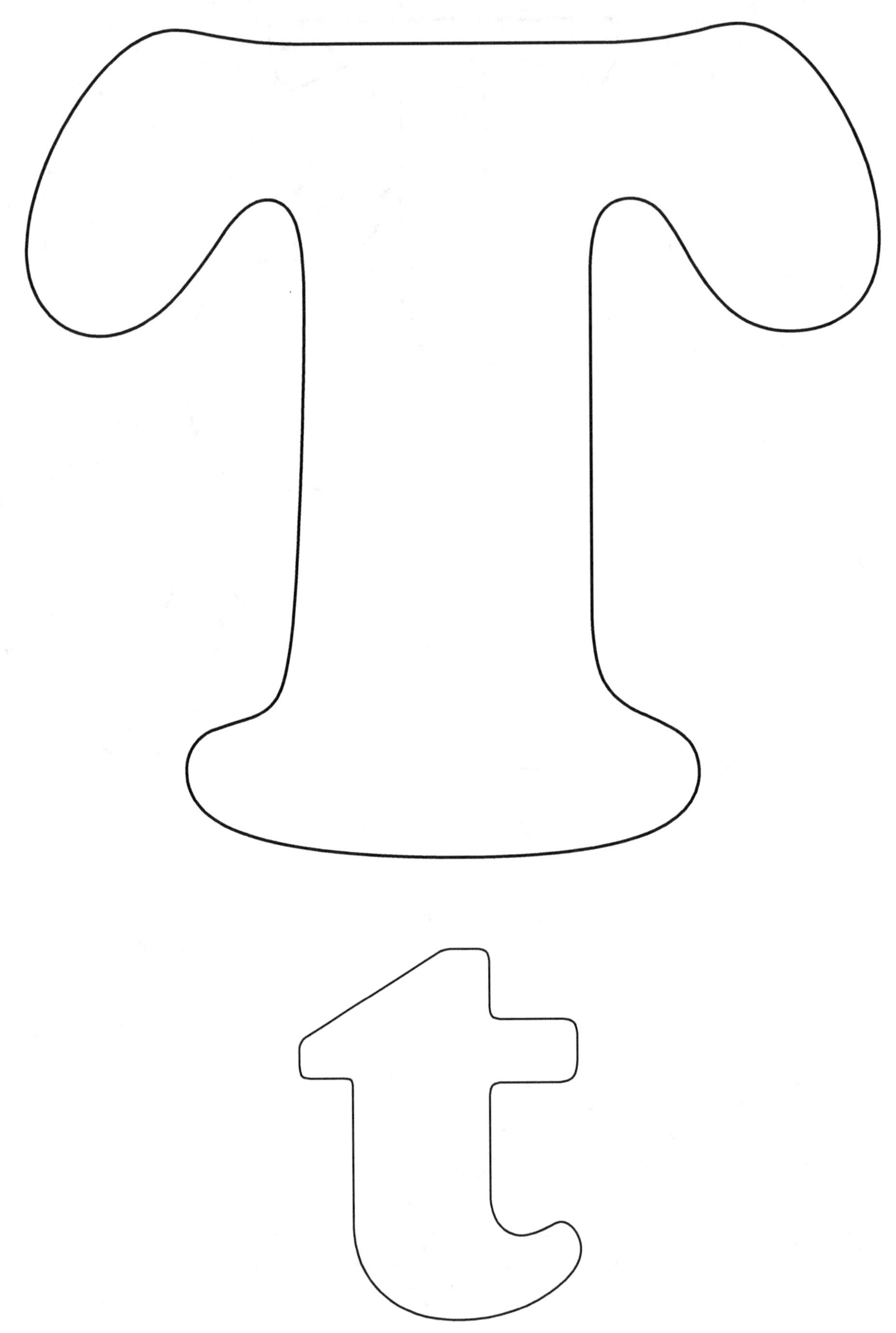

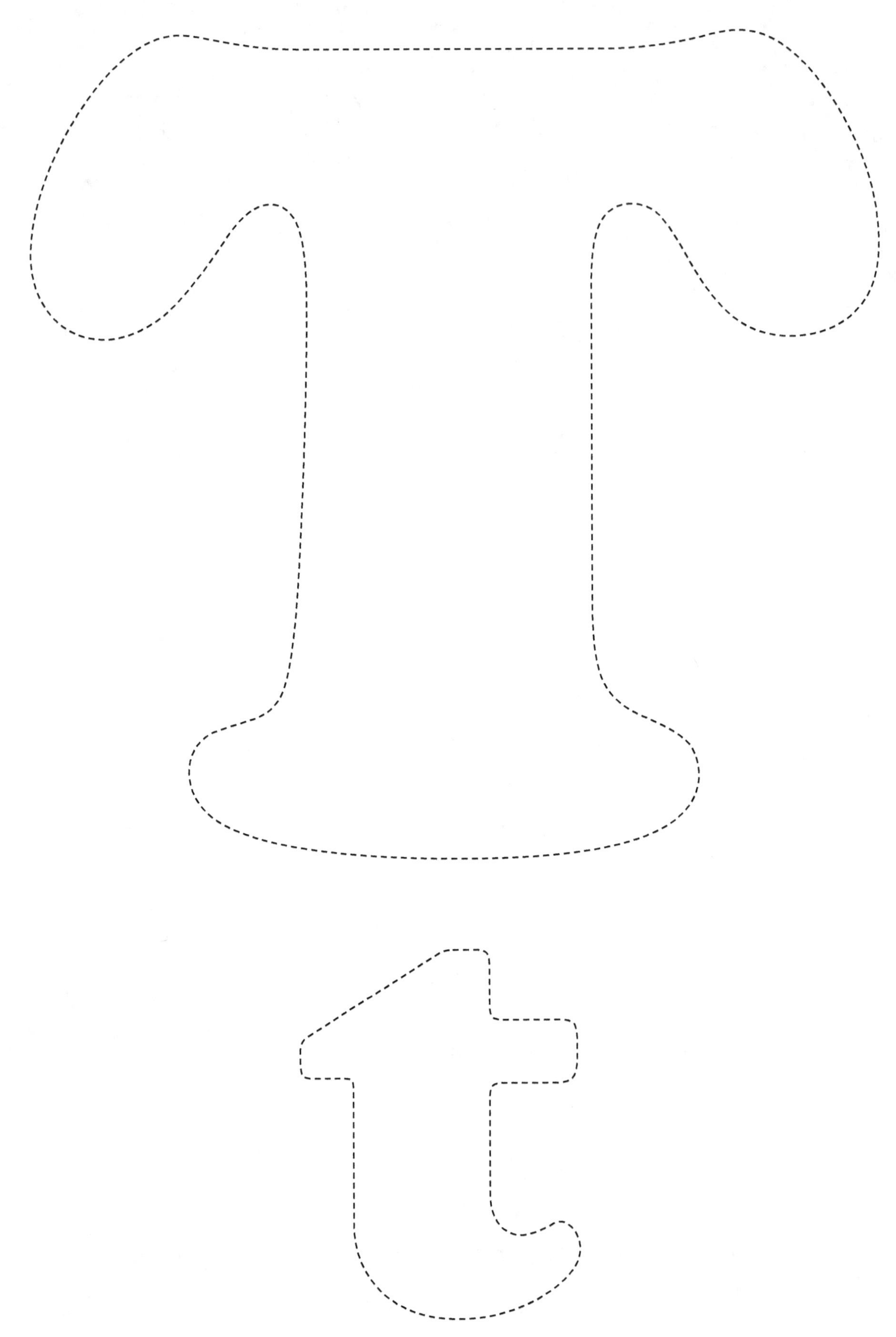

Umbrella

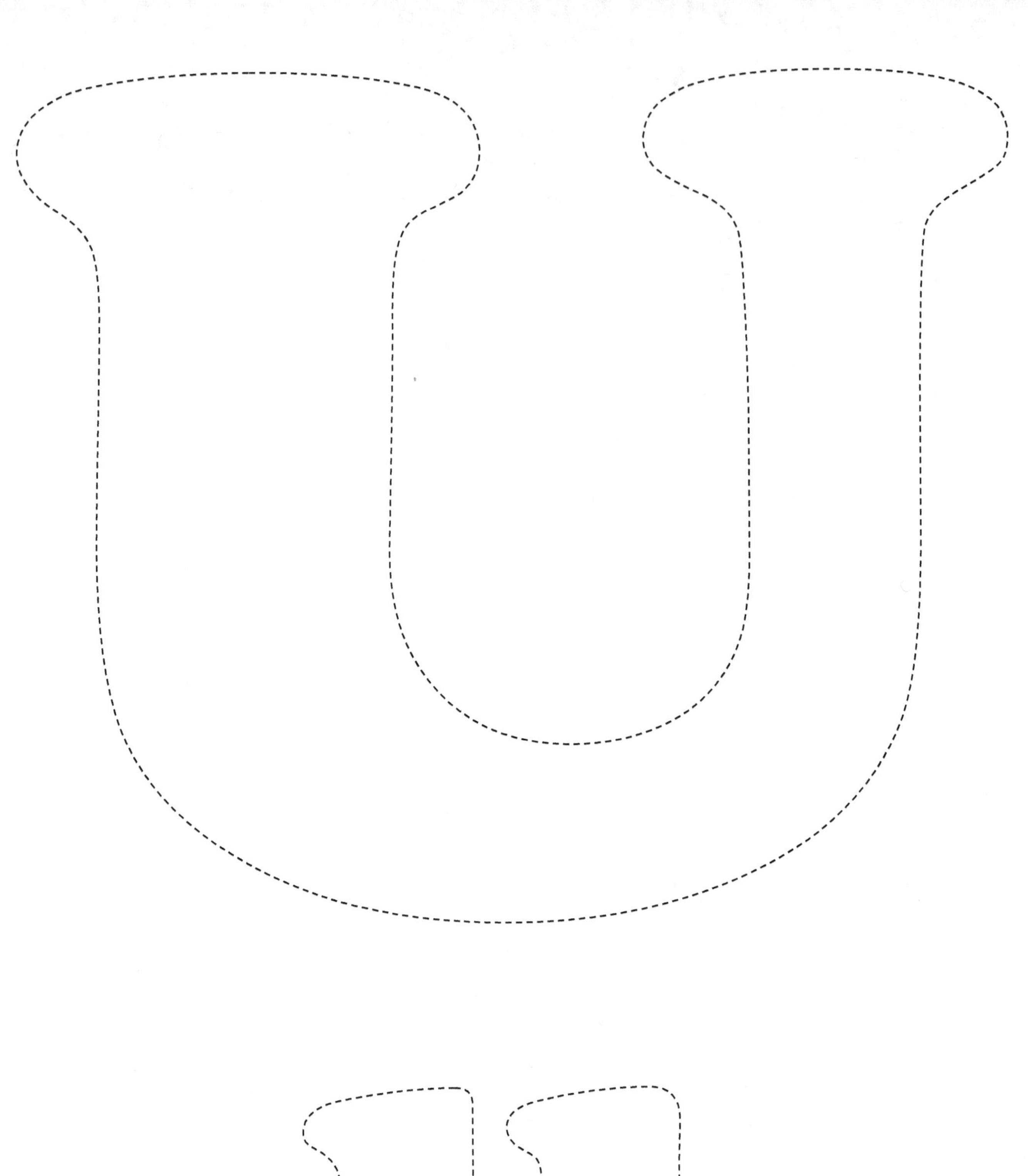

Valentine Day

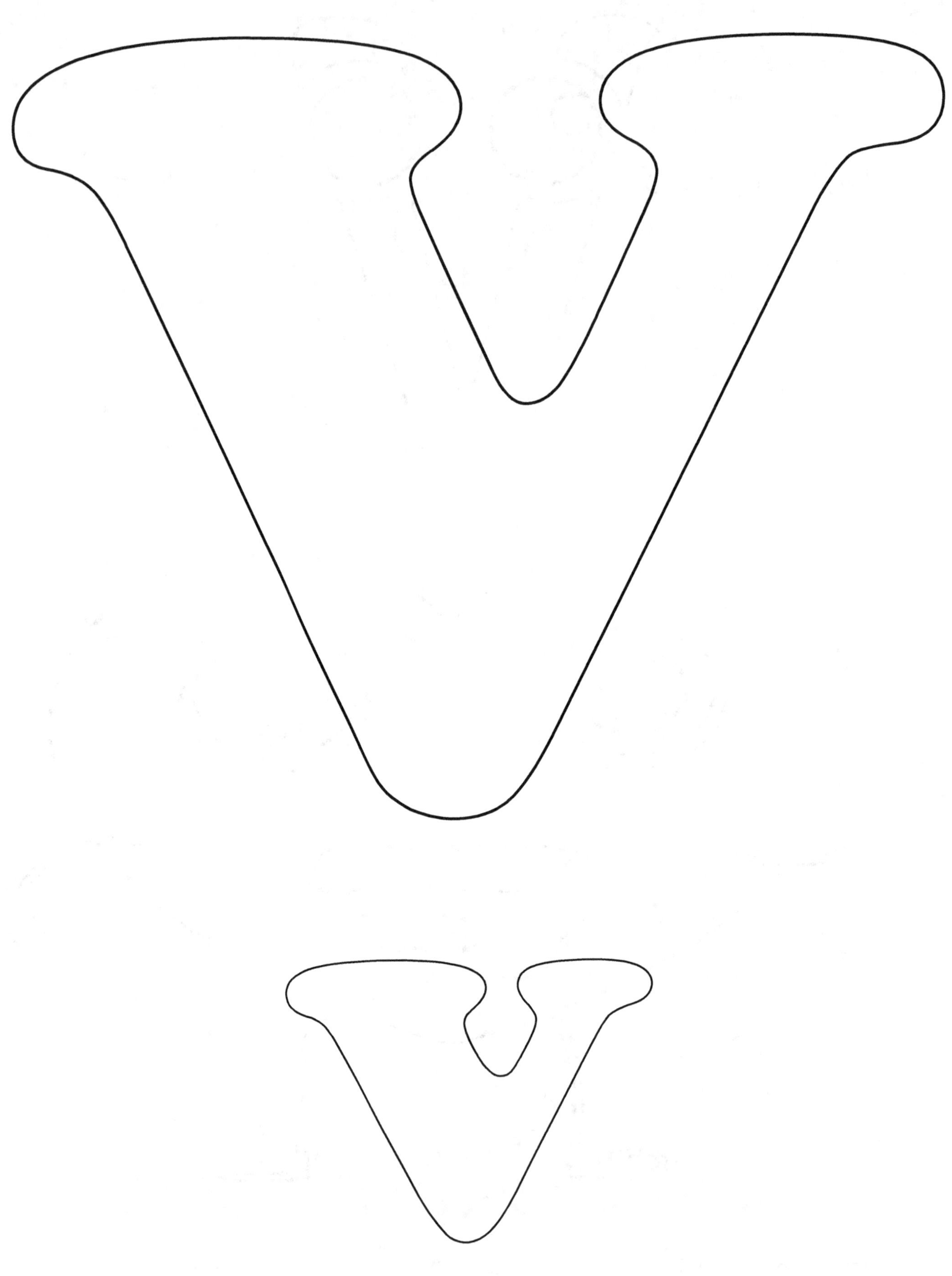

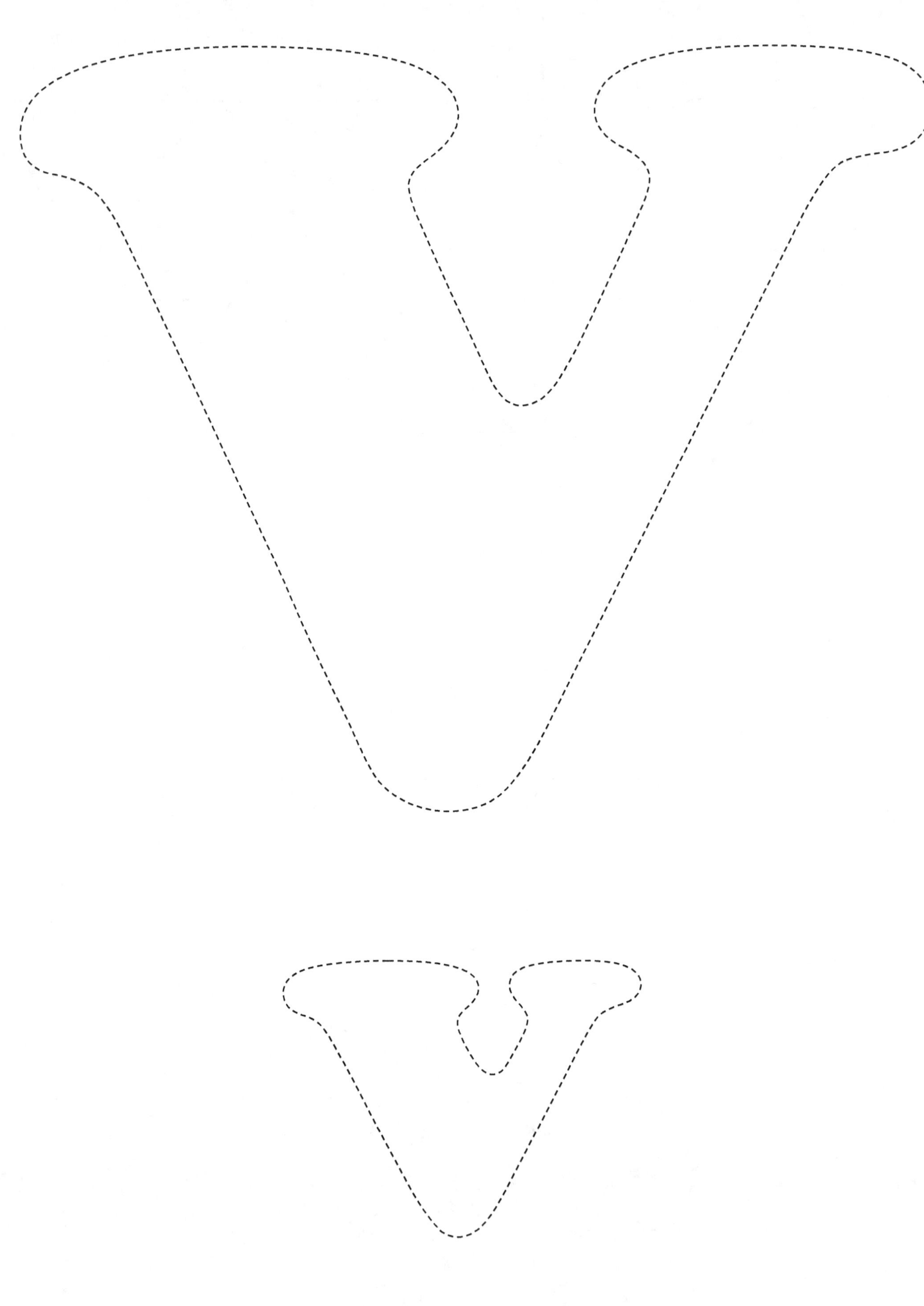

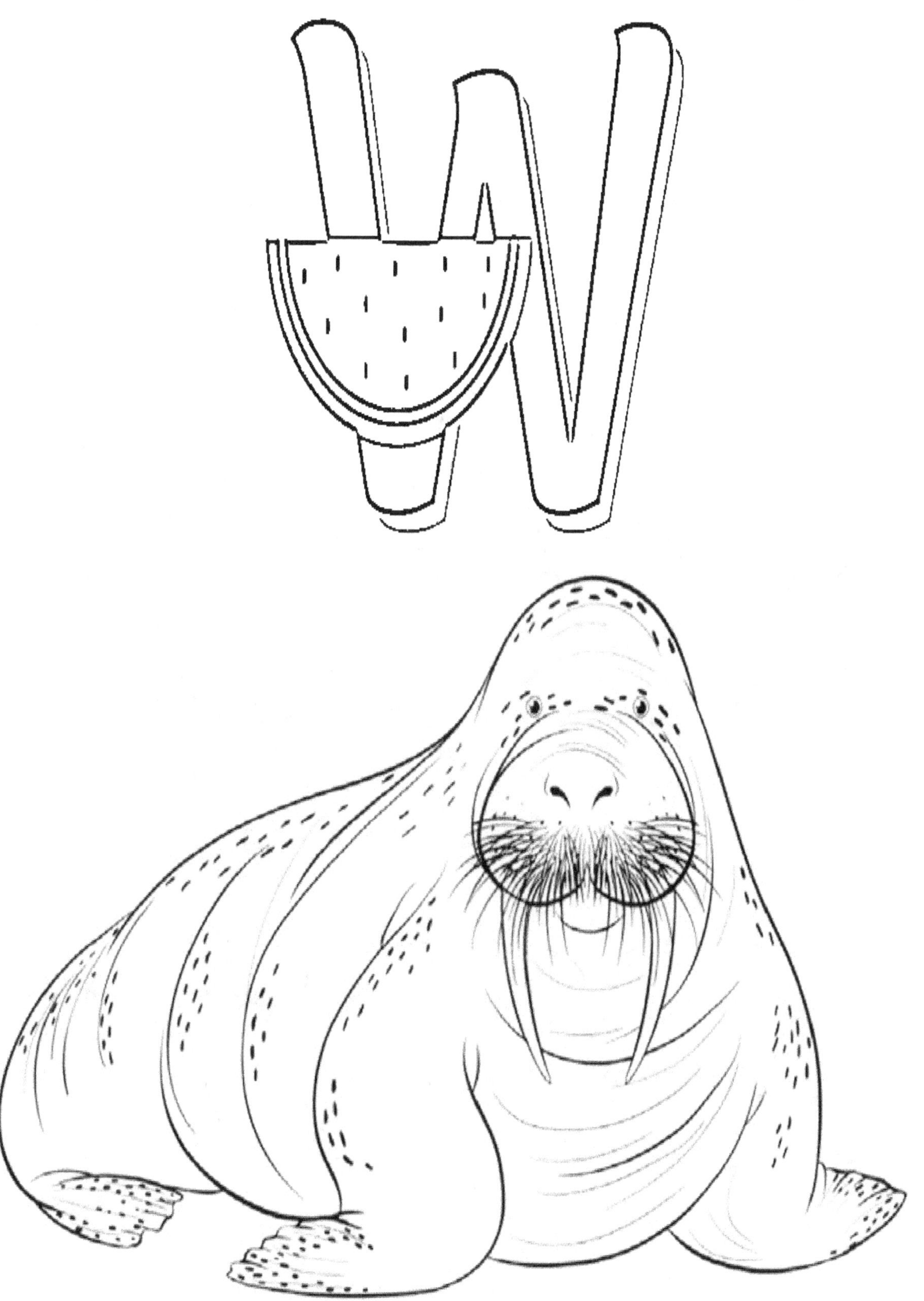

Walrus

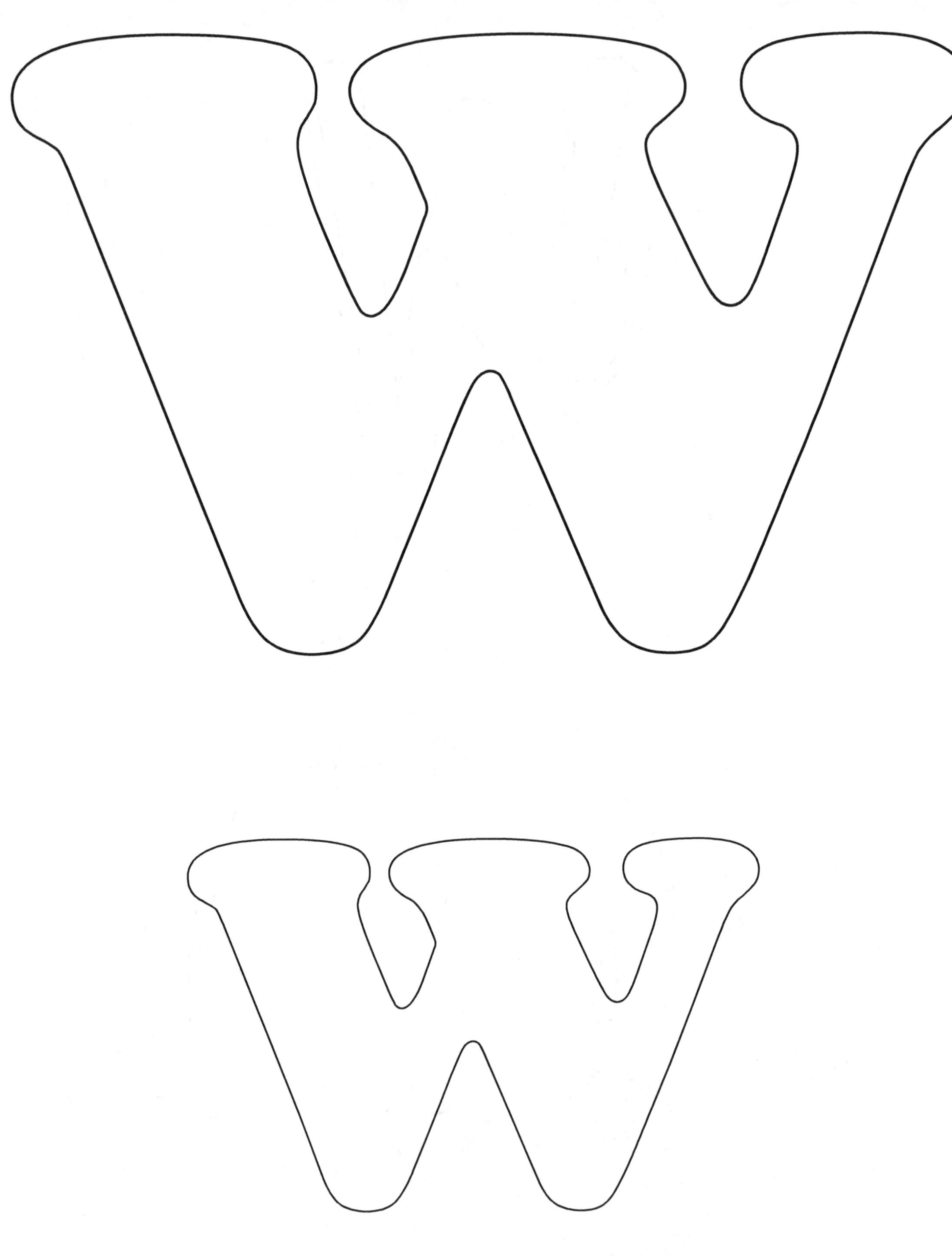

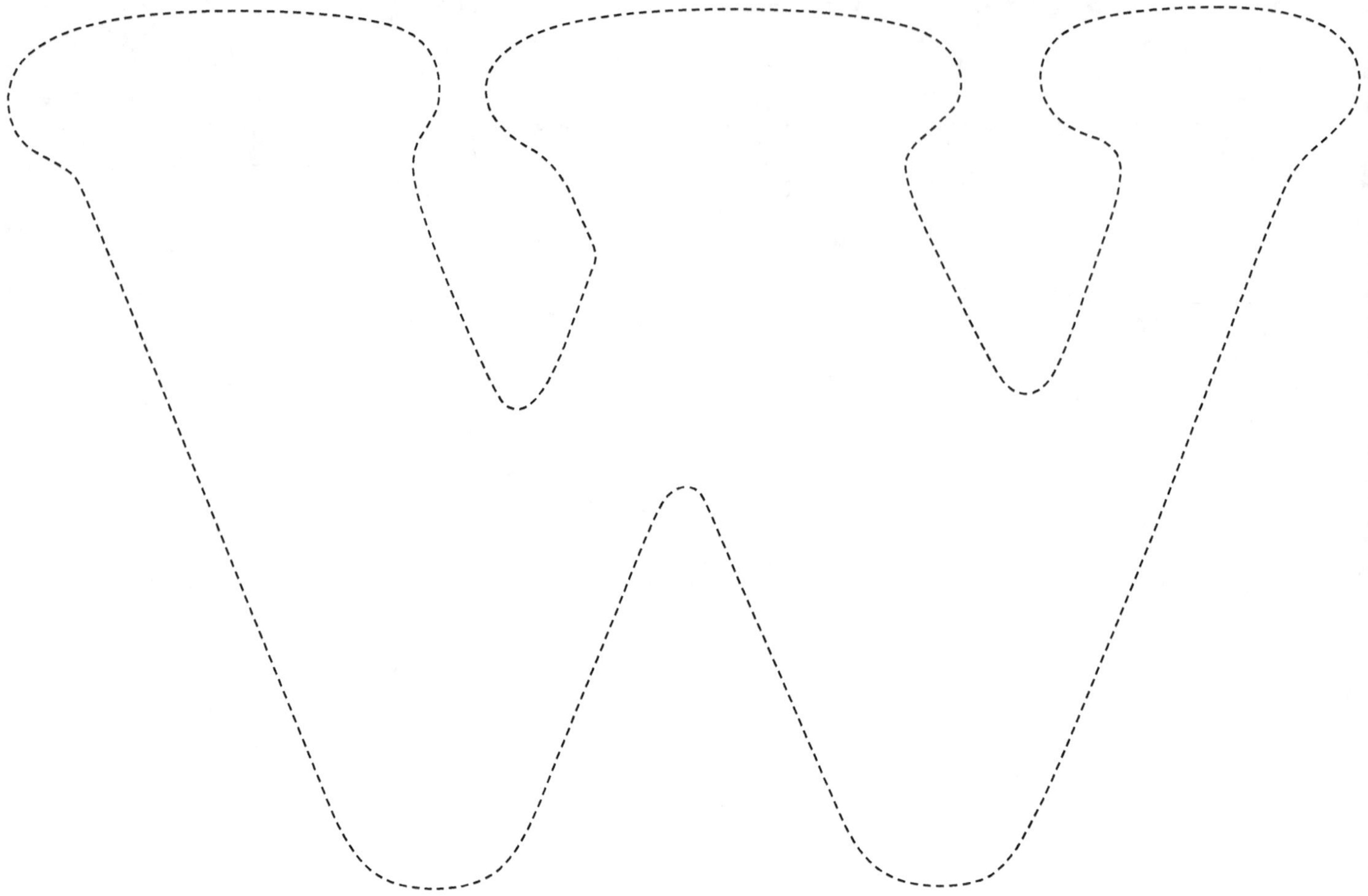

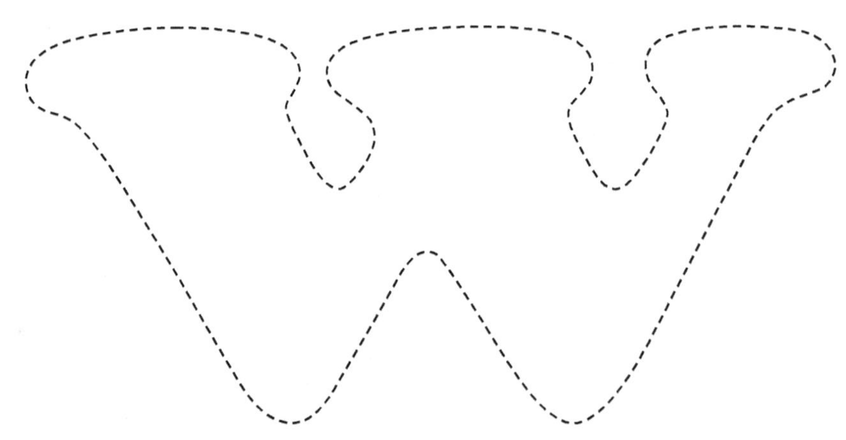

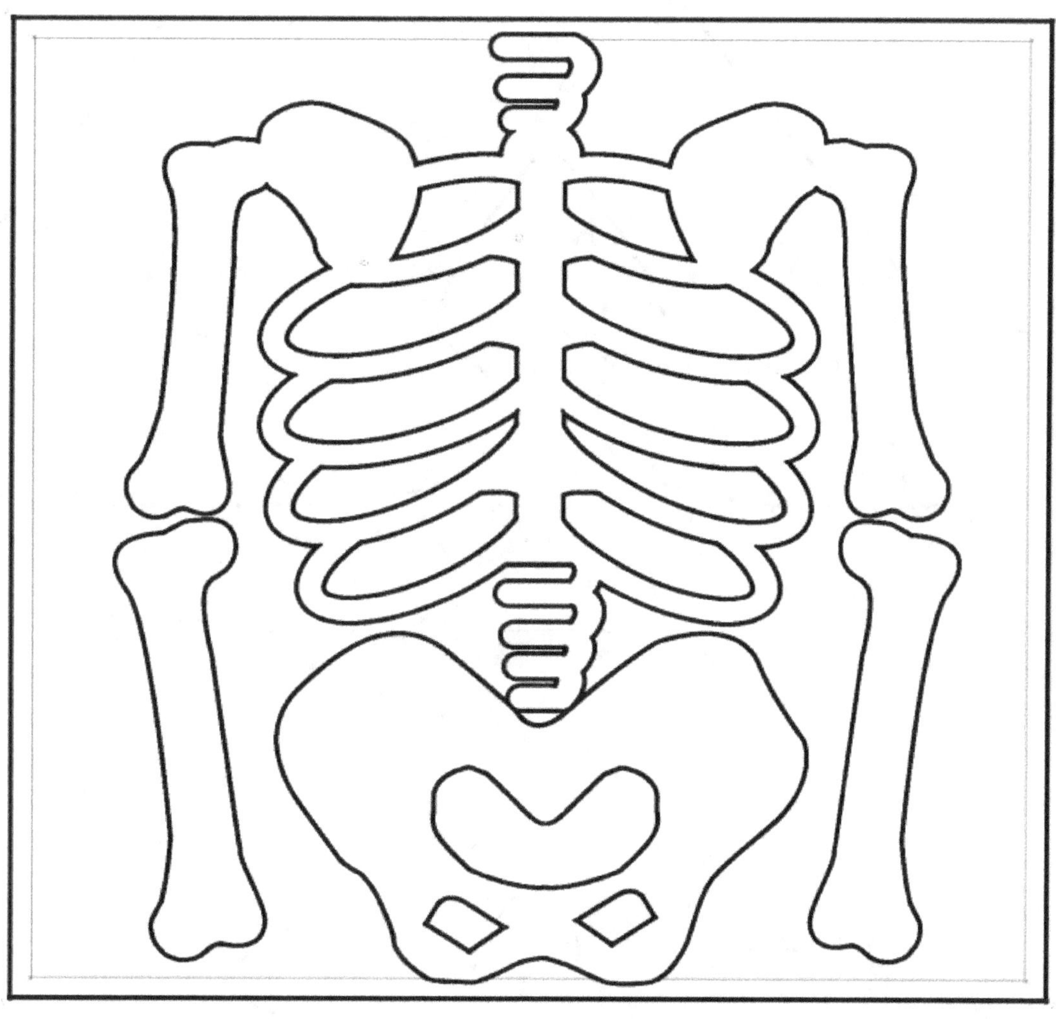

X-Ray

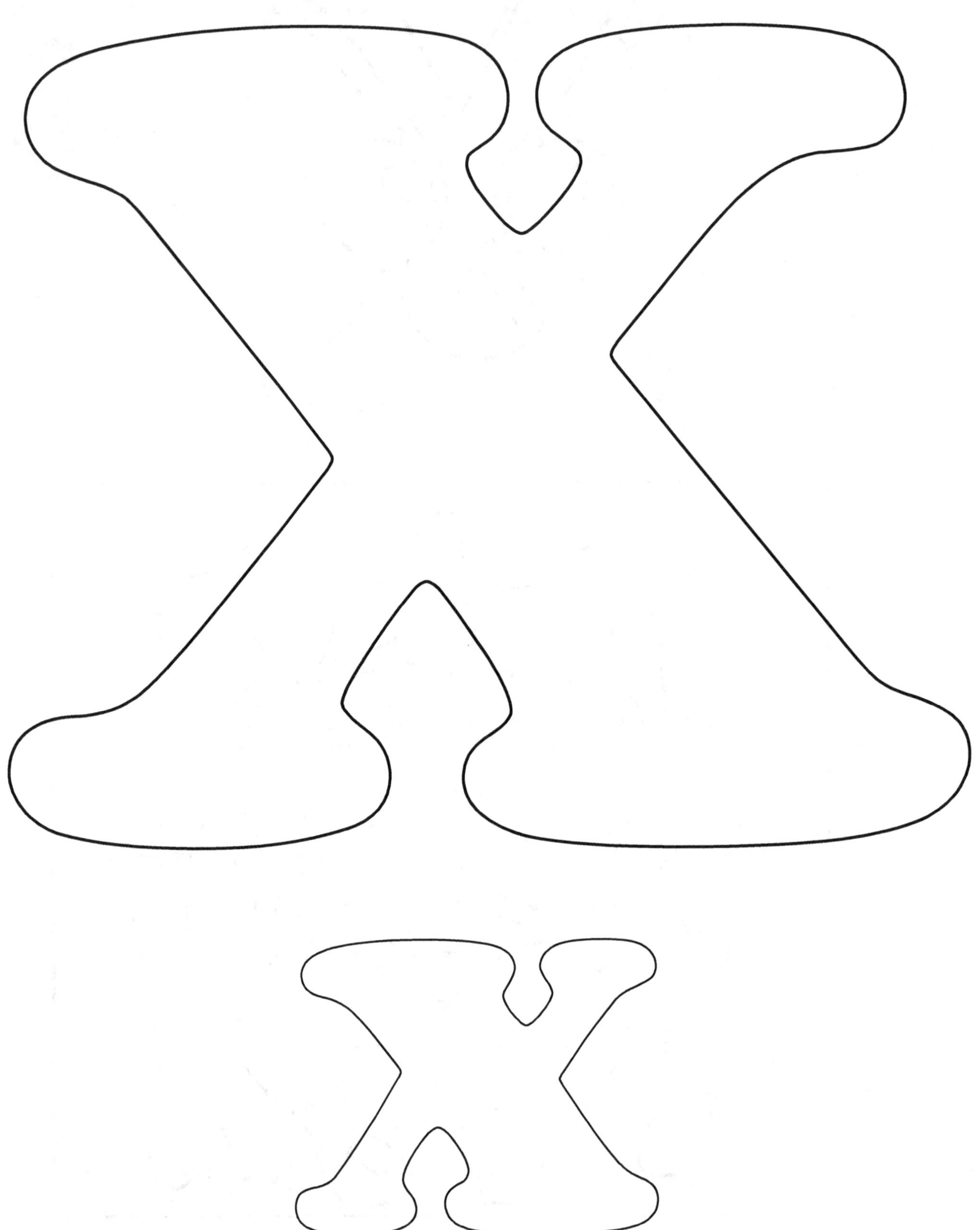

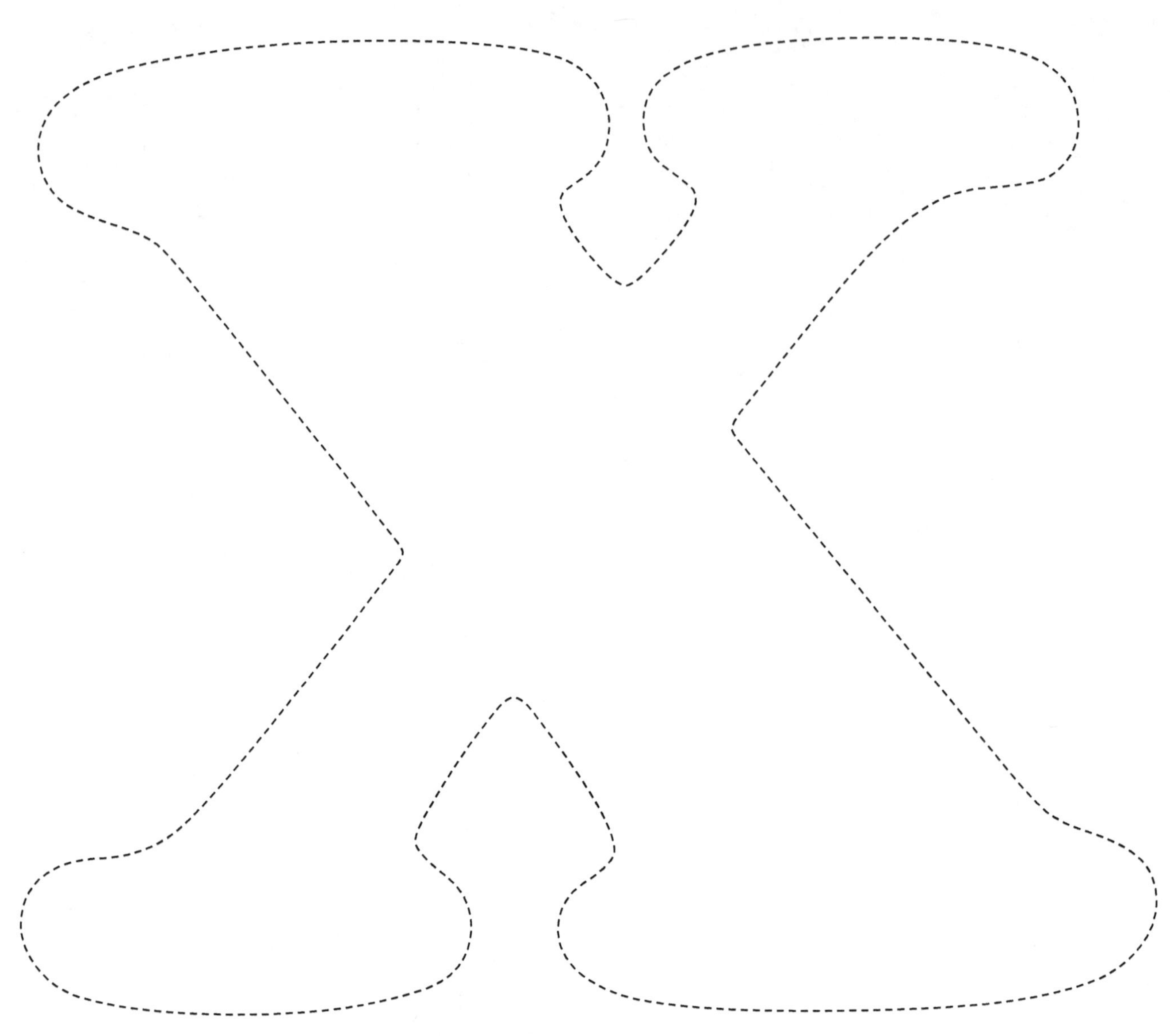

Yak

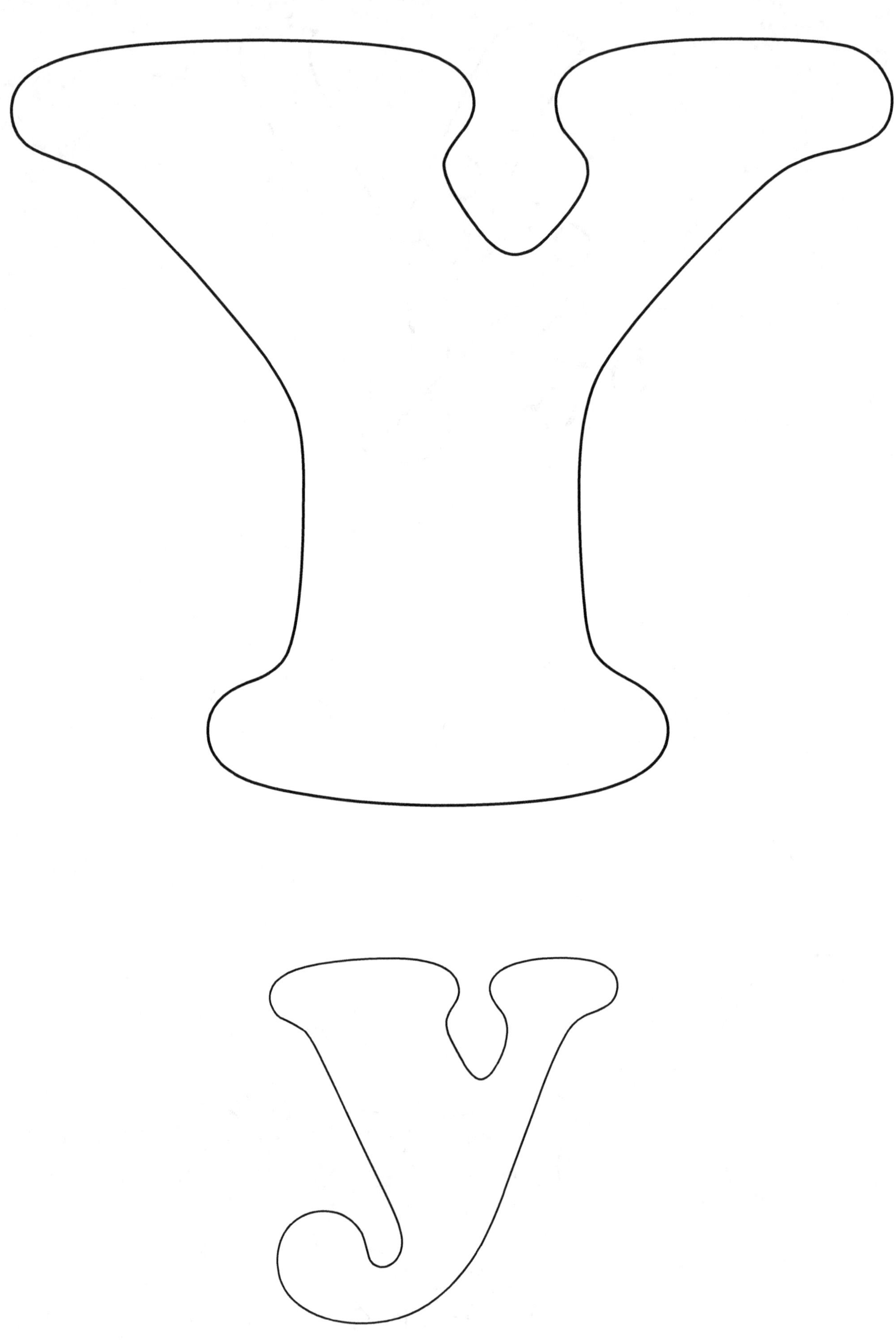

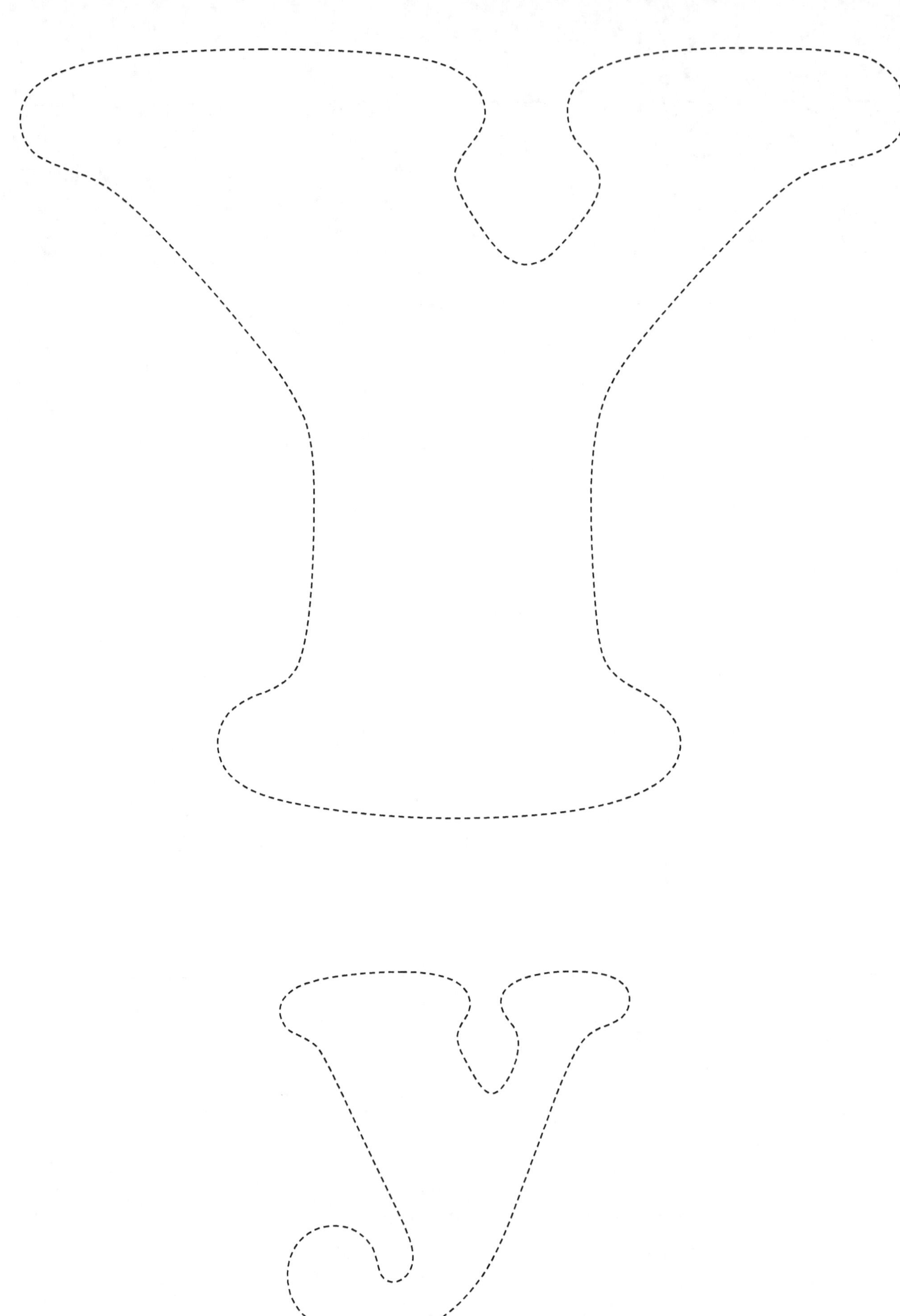

Zebra

Z Z Z Z Z Z
Z

Z Z Z Z Z Z Z Z Z Z Z
Z

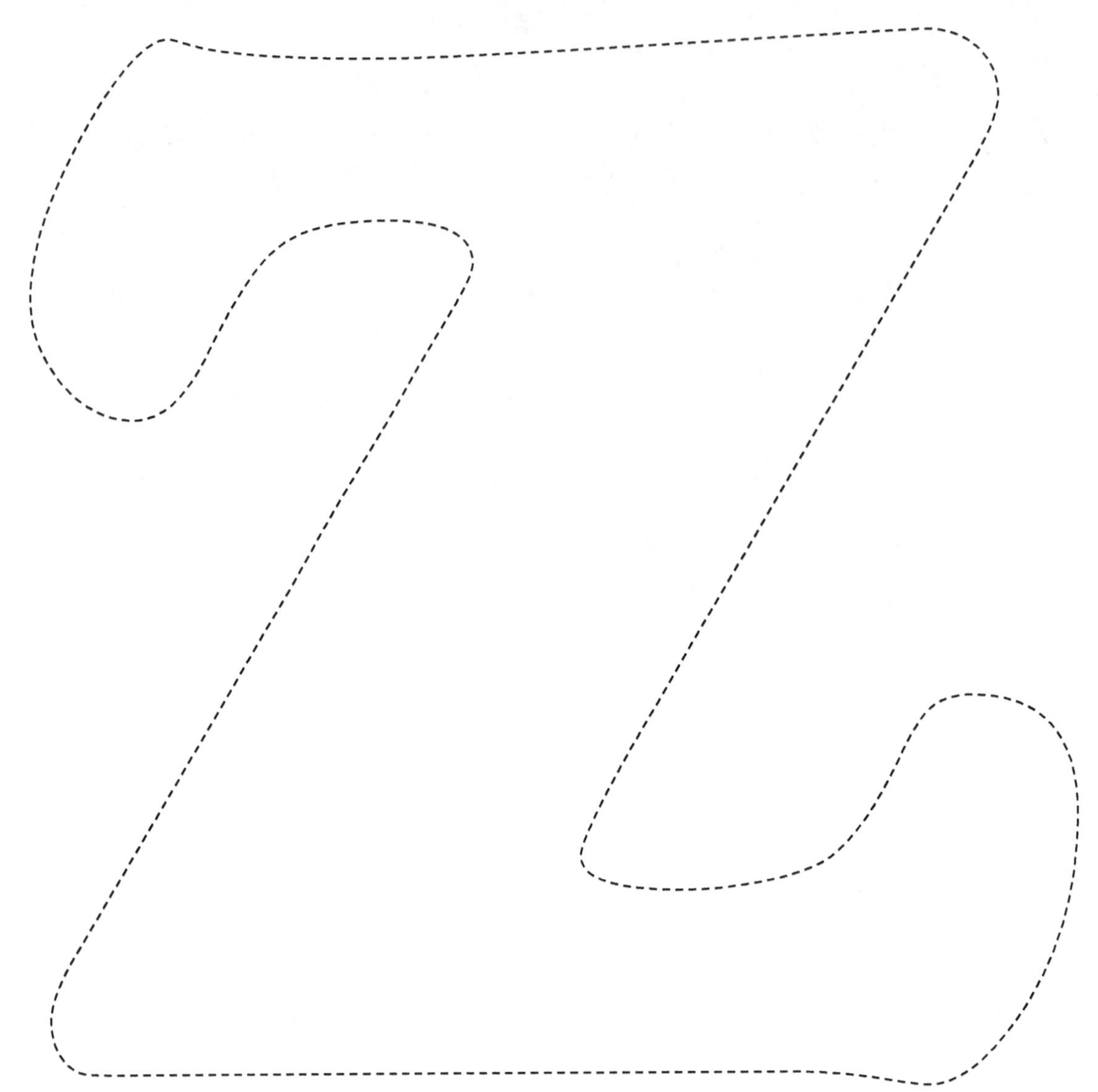